AF452073

# VERSAILLES

# ET SON PARC

## ÉTUDES

DANS LESQUELLES

LE PALAIS DE VERSAILLES ET SES JARDINS

SONT MIS EN RAPPORT

AVEC LEUR DESTINATION NOUVELLE

Versailles. — E. Aubert, imprimeur.

VERSAILLES

CHEZ BERNARD, LIBRAIRE

9, RUE SATORY, 9

1868

# PRÉFACE

L'art de l'architecture et l'art des jardins ont des relations nombreuses que les circonstances permettent trop rarement d'apprécier dans leur ensemble et dans leurs détails, et dont l'importance est trop souvent méconnue. De ces relations ressortent, pour les monuments comme pour les jardins, les beautés les plus remarquables et les effets les plus enchanteurs. Les paysages qui les environnent embellissent les monuments, de même que les monuments donnent aux paysages l'expression et la vie. Le Palais de Versailles et ses jardins viennent démontrer en partie ce que nous avançons. Cette démonstration, comme nous allons le prouver, peut se compléter par l'accomplissement de la destination nouvelle de ce Palais, disposé pour la réunion de toutes les magnificences des beaux-arts.

Lorsqu'on examine les différents produits de l'art architectural, il devient évident que la colonne est le plus remarquable par sa beauté. La colonne, massive dans son origine, a pris une forme de plus en plus svelte et élégante. La colonne, représentation du corps humain dans l'antiquité, a été idéalisée aux XII<sup>e</sup> et XIII<sup>e</sup> siècles, ce que nous énonçons pour constater le dernier progrès de l'art ; car l'architecture grecque et l'architecture romaine, employées dans le style Louis XIV, doivent seules entrer dans les décorations relatives à Versailles. La destination nouvelle du Palais de Versailles a d'autres exigences que sa destination primitive. Dans cette nouvelle destination, telle que nous allons la présenter, les galeries consacrées aux gloires de la France s'uniront à des galeries consacrées aux gloires de l'histoire universelle. Ces nouvelles galeries intéresseront tous les peuples dont l'affluence exigera, devant la principale entrée du palais, de vastes espaces décorés de portiques et de colonnades. C'est dans les colonnades que la colonne jouit de tous ses avantages ; en effet, la colonne unie à des murailles peut orner ces murailles, mais elle perd infiniment dans les perspectives. Pour que la colonne jouisse de toute sa beauté, il faut qu'elle soit dégagée de toutes parts, il faut que la lumière l'environne et dessine librement ses contours, il faut que, dans tous les sens, elle puisse être vue à des distances différentes, selon les désirs du spectateur. C'est dans les perspectives, au milieu des sites de la nature, que les colonnes et les monuments produisent leurs effets les plus beaux.

Les exigences de la destination nouvelle du Palais de Versailles feront développer les merveilles de l'architecture dans les conditions les plus favorables à l'art monumental. Pour correspondre à sa nouvelle destination, ce Palais devra être environné de promenades plus en rapport avec les beautés de la nature que les promenades de son Parc actuel, qui laisse difficilement entrevoir les heureuses dispositions de ses sites pittoresques.

Dans l'étude des choses, les questions s'enchaînent en grand nombre et surgissent les unes des autres. Non-seulement les études sur l'architecture et sur l'hortigénésie peuvent offrir un intérêt général, mais encore, à ces études sur le Parc de Versailles s'unissent, par l'effet des circonstances locales, des questions relatives à l'hygiène et des questions relatives à l'agriculture, questions d'une grande importance ; depuis que nous les avons examinées, nous avons eu l'occasion de connaître les détails des œuvres gigantesques qui s'accomplissent pour l'assainissement de la Tamise, œuvres dans lesquelles ces questions sont plus ou moins complétement résolues, et qui démontrent combien l'union des sciences et des arts favorise le progrès de la civilisation.

Dans ce travail, il est peu de détails historiques, détails sur lesquels plusieurs ouvrages ont été publiés.

Il y aurait des comparaisons à établir entre les différentes époques du Palais de Versailles, entre les différents projets conçus ou possibles de concevoir pour l'embellir, et les projets que nous proposons. Il y aurait également une étude comparative à faire entre ce palais célèbre et les palais les plus remarquables qui existent ou qui ont existé. Nous pourrons peut-être, par la suite, entreprendre ces travaux, mais il en est d'autres plus urgents encore.

La publication de ce travail réclame une autre publication plus volumineuse, celle des plans, coupes et élévations des bâtiments nouveaux avec les dispositions des intérieurs et des décorations extérieures. Cette publication devra contenir les nouveaux plans des jardins et quelques vues perspectives exécutées d'après l'étude topographique, ce qui exige un temps qui sera sans doute long, et des circonstances favorables.

Ce travail ne donne que des idées d'ensemble ; la multitude des détails, les motifs de ces différents détails, leurs relations entre eux et leurs relations avec l'ensemble ou l'unité, demanderaient de longues descriptions et des dissertations nombreuses.

Nous nous décidons, malgré son imperfection et ce qui lui manque de développements, à publier ce premier travail, parce qu'il se pourrait peut-être que cet aperçu des résultats de nos études vînt offrir un intérêt relatif aux utiles, urgentes et faciles modifications à faire au Parc et au Palais de Versailles, avec des avantages incontestables pour la gloire et le progrès de la civilisation, des beaux-arts et de la France.

ROCQUET.

Mai 1868.

# INTRODUCTION

Depuis plusieurs années, le charme de l'étude et l'attrait des beaux-arts nous ont conduit à l'examen d'un certain nombre de questions auxquelles le Palais de Versailles et ses jardins peuvent fournir d'intéressants développements : questions d'hortigénésie, questions d'architecture, questions d'histoire et de civilisation.

Au commencement du XVII<sup>e</sup> siècle, Bacon s'est plu dans la composition imaginaire d'un jardin symétrique. Si quelquefois la fiction a des charmes, combien, à plus forte raison, l'étude d'un ensemble comme Versailles doit-elle avoir d'attraits ; cette étude est d'autant plus attrayante qu'elle s'exerce sur des choses réelles ou évidemment réalisables, et qu'elle établit des rapports d'un intérêt plus général et plus élevé.

Le XVIII<sup>e</sup> siècle a jeté une grande défaveur sur Versailles, en accusant ce Palais d'avoir occasionné, par ses splendeurs, la ruine de la France. Les causes de la décadence des empires n'ont jamais été dues au culte des beaux-arts ; les beaux-arts ont, dans tous les temps, fait la gloire et non l'abaissement des nations. Les beaux-arts occupent une position très élevée ; mais, quelque élevés qu'ils soient, les causes de la ruine des empires remontent plus haut encore. La ruine des empires vient de la décadence des mœurs et de la perte des croyances. Les jardins de Babylone, les pyramides de l'Egypte, les temples de la Grèce, les palais de Rome et le Palais de Versailles n'eussent-ils jamais existé, l'histoire ancienne, comme l'histoire moderne, privées de ces grands témoignages des monuments, n'en seraient pas moins, dans leur ensemble, ce qu'elles sont aujourd'hui.

Le peuple romain avait perdu ses antiques vertus lorsqu'il fut soumis par les barbares. Pour prendre des exemples dans notre histoire, la conduite de l'inflexible Richelieu a dû faire douter de la sincérité de sa doctrine, et la conduite du trop célèbre Dubois a dû rendre ridicule l'enseignement de la vertu. L'enseignement démenti par l'exemple est un enseignement stérile. Une philosophie fausse et destructive et les violences de 93 ont été les résultats funestes des exemples venus d'en haut. Les ruines matérielles ont suivi les ruines morales. Les monuments, produits les plus dignes de l'activité humaine, n'ont jamais occasionné la ruine des empires. Le XIII<sup>e</sup> siècle, en élevant ses magnifiques, gigantesques et nombreux monuments, n'a jamais compromis l'existence ni l'avenir d'aucun peuple. Les constructions du Louvre et de Versailles ont été principalement exécutées sous le ministère de Colbert, ministre qui sut porter au plus haut point la richesse et la prospérité de la France. On connaît les lettres de Colbert adressées, avec des gratifications de Louis XIV, à différents savants de l'Europe. Il existe des analogies entre ces faits historiques, dignes d'une époque grande dans l'histoire des peuples civilisés, et l'Exposition universelle de 1867, où tous les talents ont été applaudis et récompensés dans l'assemblée des peuples de l'univers.

Le XVII<sup>e</sup> siècle, en se manifestant par des monuments dans tous les genres, a laissé plus particulièrement son type et le cachet de son génie dans le Palais de Versailles. Il importe donc à la gloire de la France de conserver ce Palais magnifique. La succession des temps, sans en effacer les splendeurs premières, est venue donner à ce Palais une nouvelle destination : c'est dans les développements de cette destination nouvelle que nous allons en faire l'étude et appeler l'attention des amis des arts. Cette destination nouvelle comporte d'immenses perfectionnements qui n'exigeraient que de légers sacrifices et donneraient à la France un monument merveilleux digne de l'intérêt et du concours de toutes les nations de la terre.

La grandeur et la gloire d'un peuple se manifeste dans les monuments qui servent de témoignage aux générations passées et qui serviront de témoignage aux générations futures. Le Palais de Versailles, consacré à toutes les gloires de la France, si les destinées, *comme nous le supposerons dans ce travail*, viennent favoriser les embellissements qui compléteront son ensemble, sera de plus consacré à toutes les gloires de l'histoire universelle et de la civilisation ; il unira le souvenir de ses grandeurs passées à l'éclat de ses splendeurs nouvelles. Le Parc de Versailles, où se montreront des beautés sans nombre jusqu'à présent inconnues, sera la promenade toujours ouverte au monde entier. A cette promenade, il faut un lieu de repos, un abri, une habitation ; le Palais de Versailles offrira cette habitation comme un temple toujours accessible. Ce ne seront plus des logements consacrés aux détails de la vie privée et matérielle, ce seront de vastes intérieurs en rapport avec les convenances de la vie intellectuelle et morale, résultat le plus élevé de la société humaine. Là (pour citer un exemple), près de Pascal et de Descartes, de Corneille et de Racine, se trouveront Homère et Virgile, Socrate et Platon. Il est assez de lieux de souffrances sur la terre ; il n'est pas contraire aux convenances que, chez un grand peuple, il existe un endroit où, tous les jours et dans tous les temps, ces souffrances soient compensées par les charmes de la promenade, les souvenirs de l'histoire, le spectacle des merveilles de la nature et des beaux-arts. Il convient qu'une capitale, au-delà de ses promenades et de ses jardins, ait encore sa villa toujours ouverte à tous les peuples. Les nations viendront dans ces galeries et dans ces jardins admirer les splendeurs de notre âge. A cette fête perpétuelle, la France conviera l'ensemble de l'univers. C'est en partant de ce point de vue que nous envisagerons les questions relatives à l'art de l'architecture et les questions relatives à l'art des jardins, deux arts qui doivent à leur union l'accomplissement de leurs plus brillantes destinées.

Les beaux-arts, depuis Louis XIV, ont manifesté leur plus grande activité dans l'époque actuelle, digne de figurer parmi les grandes époques de l'humanité. L'histoire des peuples est écrite sur leurs monuments. Les grandes époques ont marqué sur le sol, par des constructions diverses, leur caractère et leur génie. Les beaux-arts ont concouru dans tous les temps à la prospérité des peuples ; leur utilité est constatée par leurs résultats, l'élévation des intelligences et le progrès de la civilisation. Lorsque le but auquel doivent tendre les beaux-arts cesse d'être noble et élevé, l'architecture et la société vont en décadence. Les colonnades qui entourent ses monuments sont les titres de noblesse d'un peuple, titres qui se retrouvent encore au milieu des ruines après plusieurs mille ans.

Le Palais de Versailles, malgré ses vastes et nombreuses constructions, n'a jamais été terminé. On voyait encore il y a peu d'années, à la jonction de la Chapelle et de l'aile du Nord, des pierres d'attente laissées par Mansard, indiquant des projets non réalisés. Versailles jouit d'une position parfaitement en rapport avec les convenances de l'architecture : placé sur une éminence où ses lignes se dessinent sur les horizons lointains, il semble encore commander à l'univers. Ce Palais cependant ne se développe complétement que dans sa façade occidentale et dans sa magnifique entrée du côté du midi; la disposition grandiose de ses cours et de ses avenues se fait seule remarquer du côté de l'est; ce côté reste inachevé et présente un amas de constructions informes et sans mérite, tandis que, par les dispositions des pentes du terrain et des perspectives environnantes, il se prêterait aux effets les plus brillants de l'architecture. Le siècle de Louis XIV, en élevant ce Palais, pour compléter son œuvre, a légué aux âges futurs de grands travaux à exécuter ; sans que cela doive actuellement ou dans l'avenir occasionner des dépenses proportionnées aux dépenses d'autrefois. Les dépenses à faire seraient peu considérables, et les résultats, faciles à obtenir, d'après l'évidence que nous en avons acquise par l'étude, nous pouvons le dire, seraient merveilleux. Depuis Louis XIV jusqu'à ce jour, on a constamment présenté des plans nouveaux pour compléter et embellir le Palais de Versailles ; l'achèvement de ce vaste Palais paraîtrait donc correspondre à l'attente des artistes depuis Mansard jusqu'à notre époque, car nous avons entendu dire que, sous Napoléon 1er, des projets avaient été préparés, relatifs à Versailles, pour dégager le côté de l'est et le décorer avec magnificence.

D'après les études que nous présentons, les magnificences des choses existantes doivent être le point de départ des splendeurs nouvelles ; et les modifications à faire subir aux beautés existantes ne doivent être effectuées qu'avec l'évidente certitude d'obtenir des beautés infiniment supérieures; encore, avec cette condition essentielle que les exigences des souvenirs historiques seront respectées.

Depuis le XVIIe siècle, l'art des jardins a fait d'incontestables progrès dus à l'étude de la nature et à l'appréciation plus complète de ses sublimes harmonies.

Nous allons d'abord considérer les questions relatives au Palais de Versailles; nous examinerons ensuite les grands embellissements que l'on peut procurer à son Parc et à ses jardins, en respectant les souvenirs historiques et l'ensemble produit par les conceptions du siècle de Louis XIV.

# DESCRIPTION DES PLANCHES

---

*La première planche* représente le plan général du Palais avec les dispositions relatives aux constructions nouvelles, et les élévations des façades de l'est.

A, bâtiment central; G, pavillons des propylées; I, colonnades de la place d'Armes; L, ligne indiquant l'emplacement où de nouvelles constructions procureraient de vastes galeries intérieures, et rendraient parfaitement symétrique la perspective générale des façades de l'est.

Ce plan et ces élévations mettent en évidence les rapports existant ou devant exister entre les différentes constructions et l'agencement de tout ce vaste ensemble.

Sur le plan sont indiqués par des lignes quelques-uns des principaux points de vue. Un examen attentif démontre que les nombreux points de vue présentés par cet ensemble, tant à l'intérieur qu'à l'extérieur de ce plan, seront remarquables par leur variété et par le jeu des décorations architecturales.

*La seconde planche,* sur une plus grande échelle que la première, représente les élévations latérales des nouvelles constructions (côté du sud). Ces élévations sont prises au-dessus et à partir du niveau du sol des Ecuries. Les différents niveaux des Ecuries sont indiqués par leur pavillon sud-ouest n° 9.

La façade de la nouvelle Orangerie n° 4, placée au contre-bas du parterre latéral supérieur, est moins élevée dans sa partie centrale qu'à ses extrémités; cette différence d'élévation est conforme à la disposition indiquée comme limite des parterres latéraux supérieurs.

*La troisième planche,* exécutée dans des dimensions plus réduites encore que celles des planches précédentes, ne donne également qu'un aperçu général. Le nouveau Parc qu'elle représente exige des études nombreuses pour l'établissement de ses dispositions définitives. Cette planche montre ce que les différentes promenades du nouveau Parc offriront dans leurs variétés et leurs distances.

En comparant les plans de l'ancien et du nouveau Parc, tout révèlera la supériorité des dispositions nouvelles; dans le nouveau plan, le Tapis-Vert, le grand Lac, les jardins de Trianon, les coteaux de Satory feront pressentir des scènes brillantes, variées et multipliées, faciles à réaliser, et la plupart jusqu'à ce jour imprévues.

---

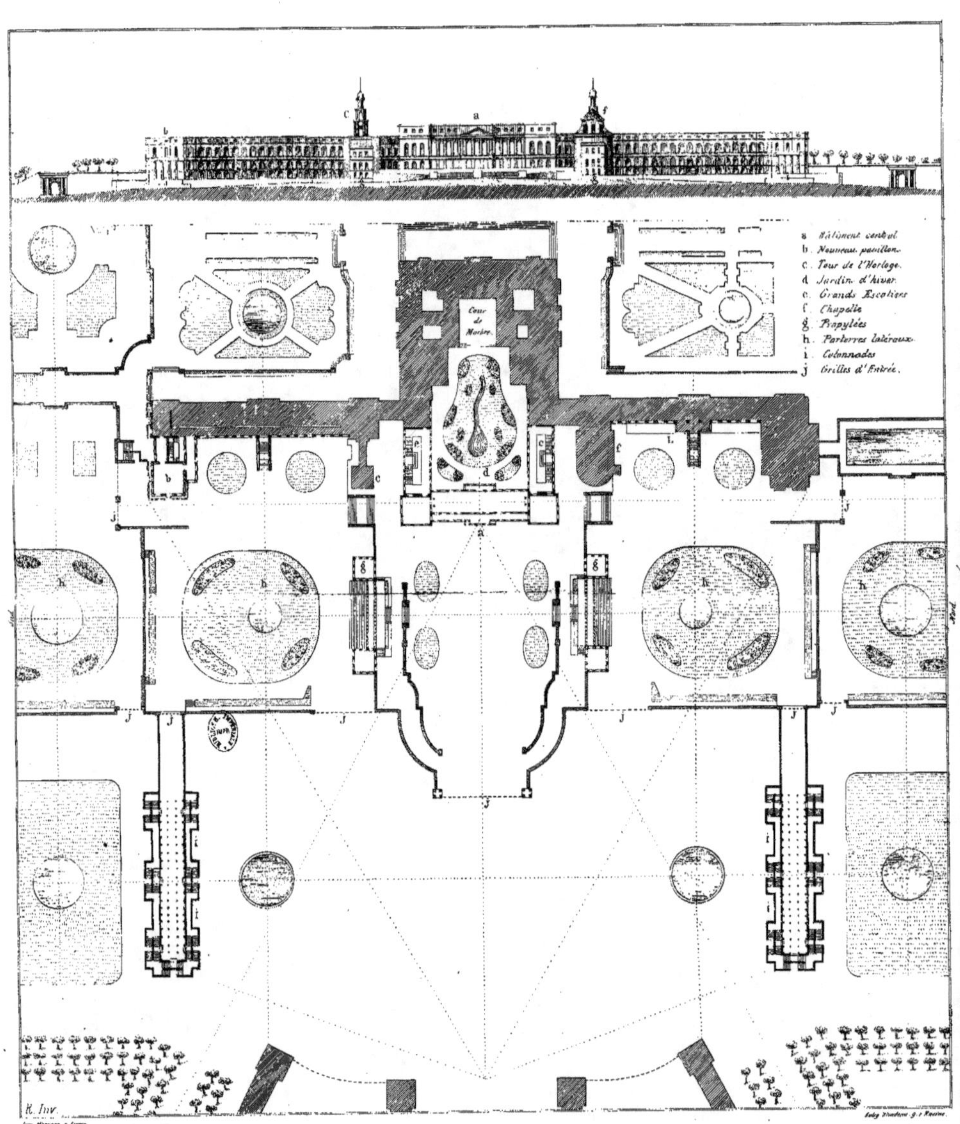


Plan général du Palais et Elévations des Façades de l'Est — Echelle de $0^m001$ pour 2 mètres.

# VERSAILLES

## ET SON PARC

---

## LE PALAIS

**I. — Côté de la place d'Armes ; première opération à exécuter.**

Un édifice national a ses exigences ; lorsqu'il est spécialement destiné à la gloire et aux arts, il doit de tous côtés se présenter en rapport avec sa destinée. Les travaux accomplis à Versailles sous Louis XIV ont déployé toute la magnificence dans la grande façade sur le Parc. Ces travaux, en unissant un vaste palais au petit château de Louis XIII, ont fait disparaître derrière les constructions nouvelles trois façades de ce petit château, duquel il n'est plus resté que la cour d'entrée ; pour conserver à la façade de cette cour l'importance que lui donne sa position, tous les bâtiments qui l'accompagnent n'ont dû présenter que des proportions mesquines, n'ont dû former que des agglomérations non monumentales. Il a fallu masquer, par des constructions secondaires, les grandes dispositions des ailes du Palais de Louis XIV, afin de ne pas établir un contraste choquant avec les petites proportions du Château de Louis XIII. Toutes ces constructions qui encombrent du côté de l'est le Palais véritable de Versailles doivent donc disparaître. Les espaces doivent s'ouvrir largement devant toutes les perspectives de ce Palais, et sur aucun de ses points il ne doit s'agencer dans des constructions accessoires, altérant son unité et masquant les grands effets de son architecture.

Les deux parties les plus informes de la ville de Versailles se trouvent sur chacun des deux côtés de la place d'Armes.

La partie du côté du sud est limitée par la rue du Vieux-Versailles, la rue Satory et le Palais.

La partie du côté du nord est limitée par la rue de la Pompe, la place et la rue Hoche et le Palais.

Ces deux parties, dans lesquelles sont, d'un côté, le Grand-Commun, les deux rives des bâtiments de la rue de la Surintencance, et, de l'autre côté, le Château-d'Eau et les deux rives des bâtiments de la rue des Réservoirs jusqu'à la rue de la Pompe; ces deux parties devront être complétement démolies. Avec les réservoirs de la butte Montbauron, on peut se dispenser du Château-d'Eau.

Ces espaces étant déblayés, on verra, sur la place d'Armes, se dessiner des perspectives nouvelles. Au sud, les coteaux de Satory, se développant en amphithéâtre, formeront un horizon superbe. Au nord, on découvrira un horizon plus lointain, également formé par des collines boisées, assez élevées pour être vues au-dessus des quartiers nord de la ville.

Après ces déblais exécutés, on admirera, avant de rien construire, les deux façades grandioses des deux ailes du Palais qui, depuis leur origine, avaient été complétement masquées et encombrées par des constructions secondaires et sans mérite.

Lorsqu'on a transformé en musée le Palais de Versailles, on a mis plus de soin à faire beaucoup de choses qu'à faire des choses belles et monumentales.

Est-il parfaitement dans les convenances d'avoir supprimé les croisées de toute une aile pour l'éclairer par sa toiture?

Le bon goût ne pourra jamais tolérer ces toitures vitrées qui s'élèvent au-dessus de l'avant-corps du milieu, du côté de l'Orangerie. Le sacrifice de quelques galeries ne doit donc pas mettre d'obstacle à la grande et belle disposition de l'ensemble.

Ces façades orientales des deux ailes, formées par trois rangs superposés d'immenses arcades et surmontées par un attique, semblent, comme l'Orangerie, être des monuments de la puissance romaine.

Ces façades orientales des deux ailes ne sont nullement en rapport avec le petit château de Louis XIII, dont, avec de pareilles dépendances, l'étendue et les dispositions ne peuvent correspondre aux exigences d'une décoration centrale, et dont cependant la conservation est indispensable, vu l'intérêt qu'il inspire, les soins dont il a été l'objet, l'importance de ses pièces intérieures et ses souvenirs historiques.

## II. — Position d'une nouvelle façade centrale vis-à-vis la place d'Armes et l'avenue de Paris.

Cette façade, occupant la place de l'ancienne grille de la cour Royale, sera la façade du nouveau bâtiment central ou bâtiment qui formera, relativement à tous les côtés, le centre du Palais. Cette façade aura trois avant-corps, un au milieu et un à chacune des deux extrémités. Ces avant-corps des extrémités auront deux autres façades en retour ouvrant sur les avenues latérales. Ces avant-corps des extrémités seront des pavillons d'angle de proportion diagonée.

Cette façade aura la même longueur que la façade du grand avant-corps du milieu, vis-à-vis le parterre d'eau. La porte centrale de l'avant-corps du milieu de cette façade correspondra à la réunion des lignes des trois avenues de Paris, de Sceaux et de Saint-Cloud. Les avant-corps des extrémités auront, relativement à la colonnade dont cette façade sera décorée, la disposition qu'offrent ceux de la colonnade du Louvre.

Du côté de la place d'Armes, le Palais se développera dans une même étendue que du côté du Parc. Son grand avant-corps du milieu formant saillie, comme du côté du Parc, sera accompagné de chaque côté par les façades des deux ailes. Les grandes proportions de toutes les ouvertures et la plus grande élévation de l'ensemble rendront la façade sur la place d'Armes plus monumentale que la façade sur le Parc. Le jeu des pentes du terrain, plus varié du côté de la place d'Armes et essentiellement favorable à l'art monumental, produira dans cet ensemble les plus beaux résultats.

Avant de donner les détails très importants de la nouvelle construction centrale, examinons ce que doivent devenir la cour de Marbre et la cour Royale qui vont se trouver complétement entourées par les bâtiments. Examinons aussi les nouvelles constructions unissant le bâtiment central à l'ensemble du Palais.


## III. — Formation d'un jardin d'hiver dans le centre du Palais.

Nous verrons, en parlant des jardins, que les bâtiments qui les décorent doivent, de tous côtés, se présenter sous un aspect pittoresque; des murailles ne sont agréables à voir, en dehors des monuments, que lorsqu'elles contribuent, avec les sites extérieurs, à former des perspectives. Les cours, quelque belles qu'elles soient, lorsqu'elles sont privées de perspectives extérieures, sont toujours empreintes de tristesse; tandis que l'intérieur des jardins, même très limité, peut, par ses dispositions, présenter des effets variés et récréer la vue. Il convient donc de changer ici la destinée des choses et de faire non pas une cour centrale, mais un jardin dans le centre du Palais.

Sous des toitures transparentes, la cour de Marbre sera conservée et deviendra le plus vaste salon du Palais, tandis que la cour Royale sera changée en jardin d'hiver. Des toitures vitrées seront soutenues sur les faîtes du château de Louis XIII et sur les entablements des constructions nouvelles. Ces toitures seront disposées par nefs et suivant le système des voûtes d'arête. Les retombées des arcs seront portées sur des palmiers artificiels servant de tuyaux pour la descente des eaux pluviales. L'avant-corps du milieu du bâtiment central et le pavillon du milieu du château de Louis XIII correspondront à la nef centrale et soutiendront les deux extrémités de sa toiture vitrée. Ces toitures, dont les faîtes seront au niveau des lignes supérieures de la façade sur le Parc, ne seront jamais visibles, d'aucun côté, à l'extérieur du Palais. De toutes les toitures, la toiture vitrée saillante au-dessus d'un bâtiment est la moins belle en perspective. Dans ce jardin d'hiver régnera un printemps perpétuel; ce sera la réalisation du jardin enchanté imaginé dans le centre du palais d'Armide. Dans ce jardin, pour favoriser les plantes, la lumière artificielle viendra abréger les trop longues nuits des hivers. Des réflecteurs de la lumière du soleil pendant le jour et la lumière artificielle pendant la nuit ranimeront les plantes trop à l'ombre des bâtiments. Les tuyaux conducteurs de l'air chaud pendant l'hiver, deviendront conducteurs de l'air frais pendant l'été, air frais entretenu par la vaste étendue des sous-sols. Ainsi disparaîtront la tristesse, l'aridité, la monotonie et tous les inconvénients d'une cour centrale. Toutes les croisées du château de Louis XIII pourront, dans tous les temps, s'ouvrir dans une atmosphère toujours pure et embaumée.

Aujourd'hui, ces sortes d'enceintes se multiplient pour les agréments et le confortable de l'existence; elles deviennent une des exigences des temps modernes. Dans cette enceinte seront réunis les avantages des salons, des jardins et des galeries. Les murailles du pourtour, devenant des murailles intérieures, pourront recevoir des décorations brillantes en marbres et en dorures. En restaurant extérieurement le château de Louis XIII, il sera facile de remplacer, par des marbres rouges, les briques véritables ou simulées de sa décoration actuelle. Ce jardin d'hiver, d'environ 50 ares de superficie, produit par les exigences des convenances, offrira de nombreux avantages sans avoir aucun inconvénient.

La façade du bâtiment central, sur le jardin d'hiver, aura en longueur l'étendue existant entre les deux pavillons de ses extrémités; ses ouvertures seront semblables aux ouvertures de la façade sur la grande cour d'entrée. Les deux ailes formant équerre aux deux extrémités de cette façade du bâtiment central, et formant une partie des limites latérales du jardin d'hiver, seront, à leur extérieur et du côté du jardin d'hiver, décorés au premier étage de pilastres en marbre pareils à ceux du bâtiment central. L'ordonnance architecturale de ce premier étage comprendra la hauteur du premier étage et de l'attique sur le Parc. Ces ailes, se profilant sur les mêmes niveaux que le bâtiment central, ne seront pas, comme lui, terminées par un attique, elles auront la même élévation que la façade sur le Parc ; les croisées de leur premier étage seront à plates-bandes droites et surmontées par des œils-de-bœuf correspondant aux combles du château de Louis XIII.

Il faut remarquer que, dans les perspectives d'ensemble, et principalement dans la perspective que présente le Château vu de l'avenue de Paris, l'espace de la cour Royale est en quelque sorte un espace perdu ; il ne sert qu'à produire de la confusion dans les profils, il éloigne la partie centrale dont il abaisse l'élévation. Par conséquent, du côté de la place d'Armes et des avenues, l'aspect du nouveau bâtiment central ne laissera rien à regretter dans les perspectives de l'ensemble du Palais, et sa transparence conservera au château de Louis XIII les vues lointaines dont il jouit actuellement. Les vastes croisées du nouveau bâtiment central, dont les deux lignes parallèles se correspondront exactement, produiront une disposition d'ensemble analogue à celle que présentent des villes d'Italie, à celle que présentait, autrefois, le château de Noisy-le-Roi, dont il ne reste plus que des ruines et dont nous avons étudié les plans et les dessins ; il était situé au milieu d'une cour entourée d'arcades à jour, et chacune de ces arcades formait comme le cadre d'un tableau dans lequel étaient compris les sites environnants. Ces arcades, loin de nuire à la vue, la rendaient plus attrayante et plus belle. La grande dimension des croisées du nouveau bâtiment central, nécessaire pour favoriser les vues de l'ancien château de Louis XIII, sera nécessaire également, comme décoration extérieure, pour correspondre, du côté de la place d'Armes, à la grande disposition des deux ailes du Palais. Il existera, malgré le contraste des deux architectures, entre le château de Louis XIII et les nouvelles constructions du grand escalier royal, pendant la décadence des beaux-arts.

À l'angle de réunion du bâtiment central et des grands escaliers seront dérobés deux petits escaliers en spirale, pour monter aux tribunes de la nouvelle galerie, sur les terrasses du château, sur les terrasses de la colonnade du bâtiment central et sur ses terrasses supérieures.

Les grands escaliers dont nous venons de parler et le bâtiment central se lient d'une manière tellement intime qu'on doit les considérer dans les rapports indispensables de cette union. C'est par le sous-sol des ailes qui contiendront les escaliers que le sous-sol du bâtiment central fera communiquer l'étage en contre-bas des grandes ailes du château.

### V. — Description et disposition du nouveau corps de bâtiment formant du côté de la place d'Armes le centre du Palais.

Ce bâtiment, dont la grande façade du côté de l'est occupera la place de l'ancienne grille de la cour royale, sera, comme nous l'avons dit, placé le plus avantageusement pour la vue, lorsqu'on le considérera étant à l'extérieur, et le plus avantageusement aussi lorsqu'étant dans son intérieur, on considérera ses perspectives extérieures.

Ce bâtiment, composé d'un rez-de-chaussée, d'un premier étage et d'un attique, aura son architecture extérieure, au rez-de-chaussée et au premier étage, réglée par l'architecture de la Chapelle. Son premier étage, dont toutes les ouvertures extérieures seront semblables aux croisées de la Chapelle, sera de plain-pied avec le premier étage du Palais; son rez-de-chaussée sera donc de la même hauteur que celui de la Chapelle. Les croisées de son rez-de-chaussée seront du même dessin que celles du rez-de-chaussée sous la colonnade du Louvre. Les deux avant-corps ou pavillons des extrémités auront chacun deux grandes portes centrales, une du côté de la place d'Armes et l'autre vis-à-vis les avenues latérales sud et nord. Ces pavillons d'angle présenteront sur leurs façades trois ouvertures à leur rez-de-chaussée et à chacun de leurs étages.

Le rez-de-chaussée de l'avant-corps du milieu aura trois grandes portes, celle du centre se fera remarquer par une plus grande largeur comme étant la principale de toutes les entrées.

L'intérieur du rez-de-chaussée du bâtiment central, s'unissant avec les grands escaliers et le jardin d'hiver, offrira une promenade décorée de colonnes, de cariatides et de statues.

L'intérieur de l'attique du bâtiment central sera occupé par la voute de la galerie et les coupoles des deux salons.

dessineront les profils des colonnades de la cour d'entrée, et les magnifiques profils des colonnades de la place d'Armes. Pour ce point de vue, les jets d'eau de la place d'Armes correspondront à l'extrémité occidentale de ses grandes colonnades.

La colonnade du bâtiment central, les saillies des lanternons dorés, toutes les décorations et toutes les magnificences de l'architecture feront, de ce vaste point de vue, dans les distances, les rapports et les proportions, un ensemble parfaitement harmonieux.

Après l'exécution de ces dispositions du côté de l'est, il restera, pour le côté de l'ouest, à donner à la façade sur le Parc la vie qui lui manque en lui rendant ses vues lointaines.

# LE PARC

**XXII.—Disposition géographique du Parc de Versailles.**

La colline sur la quelle a été bâti le Château de Versailles, isolée et dégagée de toutes parts par la nature, se trouve à l'origine de deux vallées : l'une, resserrée descend du côté de l'est et se continue vers Chaville, offrant jusqu'à la Seine une suite de collines qui doivent aux bois qui les couronnent les beautés de leurs perspectives. L'autre vallée, beaucoup plus grande, se prolonge à l'ouest pour s'unir à la vallée de la Maudre. Cette vallée de l'ouest présente une vaste étendue; elle est limitée, au sud, par les coteaux de Satory qui s'unissent à des collines boisées, se succédant jusqu'à la Maudre, et, au nord, elle est limitée par les hauteurs de la forêt de Marly, qui se prolongent également dans les horizons lointains. Les forêts et les bois couvrant les hauteurs qui limitent cette vallée font la beauté des perspectives de Versailles. Cette vallée de l'ouest, dans toute son étendue, reçoit, au midi comme au nord, des vallées secondaires. Ces vallées secondaires dessinent elles-mêmes, ou mettent en relief, dans l'intérieur du Parc, un certain nombre de petites collines qui donnent au terrain une disposition très heureuse relativement à l'art des jardins. La colline de Versailles jouissant ou pouvant jouir d'une belle vue, est cependant dominée par plusieurs sites environnants, ce qui permet d'avoir des eaux jaillissantes sur la plate-forme occupée par le Palais.

Du temps de Louis XIII, au pied de la colline de Ver-

sailles, se trouvaient au sud, au nord et à l'ouest, des maré-
cages dont l'écoulement général produisait le ruisseau de
Gally qui arrose la vallée de l'ouest dont nous venons de
parler. L'eau ne manquait pas à Versailles aussi complétement qu'on l'a répété. La pièce d'eau des Suisses a été
creusée dans un marais; elle est alimentée par un grand
nombre de sources naturelles. Le grand canal inventé par
Le Nostre a été creusé dans un terrain marécageux; cette
grande pièce d'eau est donc facile à entretenir, sans avoir à
craindre les fuites et les absorptions par le sol; on peut
donc remplacer les murailles qui la limitent par des plans
inclinés et par les gazons des prairies.

Afin d'avoir des eaux jaillissantes sur la plate-forme ou le
Palais est assis, ont été exécutés d'immenses travaux sous
Louis XIV. Il faut une longue étude avant de connaître tout
ce qui est caché sous le sol, pour la direction et la distribu-
bution des eaux dans les jardins et le Parc de Versailles.

La perfection des sciences doit perfectionner les moyens,
comme le prouve la nouvelle machine de Marly, et peut-
être qu'un jour des eaux vives viendront remplacer toutes
ces eaux stagnantes. En réfléchissant aux grands travaux
entrepris du temps de Louis XIV afin d'amener des eaux à
Versailles, on peut être surpris qu'alors on n'était pas en la
pensée d'appliquer l'invention de la machine de Marly, sur
la rivière de l'Eure, pour faire monter l'eau depuis Maintenon jusqu'aux étangs de la forêt de Rambouillet qui four-
nissent les eaux les plus élevées. L'effort eût été peu consi-
dérable et aurait procuré des résultats plus faciles, peut-
être plus importants et beaucoup moins dispendieux que
ceux de la machine de Marly qui, vu la grande différence
de niveau entre la Seine et Versailles, présente de graves
obstacles à surmonter. L'Eure a de belles eaux, elle a un
courant rapide; à Maintenon, elle est assez forte pour offrir
une grande puissance hydraulique. On aurait donc, en em-
ployant sur l'Eure le même moyen qu'on a employé sur la
Seine, évité ces immenses travaux de l'aqueduc de Maintenon demeurés inutiles. L'Eure et la Seine faisant monter
leurs eaux pour embellir Versailles, auraient également
donné le spectacle de cette union, dont nous allons parler,
entre les arts et la nature.


### XXIII.— Des jardins et du Parc de Versailles.

Pour l'étude des jardins et du Parc de Versailles, il faut,
en partant de l'époque de Louis XIII, suivre les différentes
dispositions successivement exécutées. Louis XIII, charmé,
dit-on, par la beauté des sites, avait bâti un petit château

sur le sommet d'une éminence de toutes parts entourée de vallées. Sur la pente du coteau vers le sud se trouvait le village de Versailles. Si du temps de Louis XIII on eût connu les jardins pittoresques, il eût été facile d'entourer ce château de pelouses qui, partant du pied de ses murailles, seraient de tous côtés descendues dans le bas des vallons, entrecoupées d'arbres, de massifs, de clairières et de sentiers divers. La plus grande difficulté eût été d'avoir près de l'habitation un sol propice à une belle et constante verdure.

Du temps de Louis XIII, depuis François Iᵉʳ, on imitait les jardins des villas d'Italie. Les châteaux de cette époque étaient encore entourés de fossés, accompagnés de terrasses, et se trouvaient entre des cours et des jardins toujours symétriques.

Lorsque Louis XIV choisit Versailles pour l'embellir, il conserva le château de Louis XIII en faisant ajouter de chaque côté, au nord et au sud, dans l'emplacement des fossés, deux corps de bâtiments d'une grande ordonnance, qui ont été le commencement de cette façade qui se développe sur le Parc. On a reproché à cette façade de manquer d'élévation relativement à son étendue. Cependant, ces deux corps de bâtiments paraissaient d'une grande élévation lorsqu'ils étaient seuls sur les côtés du petit château de Louis XIII.

Un examen approfondi fait connaître que, du temps des premiers travaux de Louis XIV, on n'avait pas arrêté le plan de ce qui existe aujourd'hui; l'ensemble actuel du Palais est le résultat d'une suite de plans successifs. Cet ensemble, toutefois, a le mérite d'avoir été coordonné et, on peut le dire, raccordé dans une même époque, sous la direction et la puissance d'une même volonté. La saillie de l'avant-corps du milieu, due uniquement à la succession des circonstances, en faisant pyramider le centre de la façade sur le jardin, est favorable à l'ensemble de cette façade. La disposition des terrasses et des parterres est encore la même que du temps de Louis XIII. Cela nous est évidemment prouvé par un plan que nous avons sous les yeux, lequel plan a été exécuté avant les travaux de Louis XIV. Ce qu'on appelle actuellement les jardins était le parc de Louis XIII. Sous Louis XIV, Mansard a construit, sur les dessins de Le Nostre, l'Orangerie et les bassins de marbre qui forment le parterre d'eau; le bassin d'Apollon, au bas du Tapis-Vert, existait du temps de Louis XIII, sans char et sans chevaux; mais, du reste, tel qu'il est aujourd'hui, c'était la grande pièce d'eau du Parc de cette époque. Le fer à cheval qui unit les terrasses aux jardins existait également avec le parterre qui l'accompagne.

Ces détails historiques sont très importants pour faire comprendre que l'ensemble actuel formé, non d'un seul jet, mais à des époques successives, peut manquer de plusieurs conditions d'unité et d'harmonie.

Comme nous l'avons dit, les grands travaux exécutés sous Louis XIV, en unissant un vaste palais au petit château de Louis XIII, ont fait disparaître, derrière les constructions nouvelles, trois façades de ce petit château, duquel il n'est plus resté que la cour d'entrée. Ainsi l'unité et l'harmonie manquent complétement entre les deux façades orientale et occidentale du Palais.

Les accroissements du Château se lient, pour leur histoire comme pour leur exécution, avec les accroissements des jardins, et le manque d'un plan primitif établissant les rapports de l'ensemble doit se faire sentir partout également. Ainsi, les allées du fond du Parc, qui viennent se réunir à des étoiles centrales, étaient plantées lorsque, d'après les vastes conceptions de Le Nostre, on a creusé le grand canal qui coupe actuellement ces allées et leur ôte toute signification. Le centre du grand canal, d'où partent ses deux bras, était l'emplacement d'une étoile centrale où venaient converger un grand nombre d'allées. Le grand canal a été creusé dans l'emplacement de l'avenue qui correspondait au centre du Palais. Le plan des jardins fait pour le petit château de Louis XIII est le plan qu'on a conservé pour le vaste Palais actuel. De plus, les jardins, qui n'étaient plantés autrefois que de charmilles et de taillis peu élevés, au-dessus desquels la vue des parterres s'étendait avec liberté, ont été entièrement replantés sous Louis XVI en arbres à hautes tiges, dont la croissance a fait disparaître les lointains; et ces arbres, plantés trop près les uns des autres, s'étouffant mutuellement, étouffent les charmilles sous leur ombrage. En visitant les jardins de Versailles pendant l'hiver, lorsque la chute des feuilles a mis à découvert les branches dépouillées, on ne peut voir, sans éprouver une impression pénible, toutes ces tiges d'arbres étiolées et élancées jusqu'aux nues, dont les cimes, manquant de ramifications et de consistance, sont souvent brisées par les coups des tempêtes. Ces jardins, replantés à neuf en 1776, sont devenus, on peut le dire, impossibles par le fait même de la végétation, qui ne peut s'accommoder des dispositions auxquelles on l'a assujettie. Toutes ces plantations étiolées meurent par le manque d'air et de lumière. Pour y remédier, on a commencé à abattre complétement l'intérieur de quelques bosquets, où il semble que pas un seul arbre ait été trouvé digne d'être conservé. Si notre ciel, moins sombre et moins humide, est moins favorable à la verdure des prairies que celui de l'Angleterre, le sol de

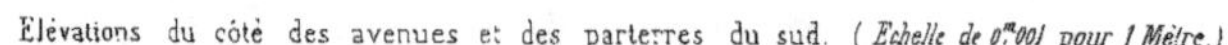

Élévations du côté des avenues et des parterres du sud. ( *Echelle de 0.<sup>m</sup>001 pour 1 Mètre.* )

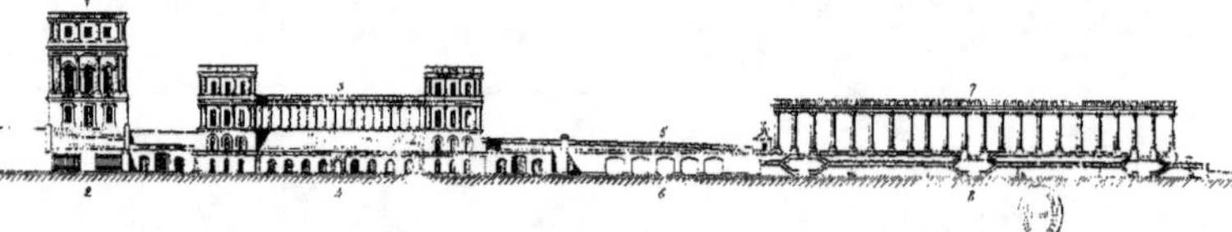



R. inv.
Lith. Mousiong, Frères 3 r. Suger.
Bureaux R. Rivoli 9. Paris.

la France peut cependant produire ces arbres magnifiques qui sont le plus bel ornement des paysages et des jardins.

On doit, quoi qu'on en ait dit, choisir pour une habitation le site le plus beau possible. La plus belle position pour une habitation est certainement lorsque, jouissant de beaux sites au milieu d'un parc, elle se présente de tous ses côtés à des distances suffisantes pour produire des effets pittoresques, pour produire des tableaux. Les espaces qui l'entourent, soumis à sa dépendance, doivent, par leur étendue, être en rapport avec l'importance de l'habitation.

Les artistes du XIIIᵉ siècle avaient compris cette importance des espaces environnants; les hautes considérations qui les dirigeaient leur ont fait réaliser l'essor le plus sublime de l'art : leurs cathédrales, laissant, comme des grains de sable, toutes les autres constructions autour de leur base, s'élevaient dans les airs à des hauteurs prodigieuses et s'emparaient des espaces environnants aussi loin que leurs flèches pouvaient être aperçues, et ces monuments gigantesques, avec leurs élégantes découpures, étaient le plus bel ornement des paysages sur tous les points d'un immense horizon.

L'habitation doit être considérée dans les rapports dont elle jouit par ses vues sur l'extérieur, et dans les tableaux qu'elle produit, vue elle-même des sites qui l'environnent. L'habitation doit jouir des jardins, et les jardins doivent recevoir de l'habitation une partie essentielle de leurs embellissements. Telle serait, comme nous l'avons indiqué, la position du château de Louis XIII, entouré d'un parc pittoresque.

Ce château, d'une étendue assez limitée, avec ses pavillons en saillie, ses toitures pyramidales à pentes relevées, accompagnées ou surmontées de lanternons, de campanilles ou de tourelles, aurait de tous côtés produit de charmants tableaux.

L'architecture des Romains, se faisant remarquer par sa grandeur et ses longues lignes horizontales, se trouvait correspondre aux idées sévères et symétriques du siècle de Louis XIV, auquel nous devons les lignes horizontales de Versailles.

Le Palais actuel de Versailles a des dimensions beaucoup trop étendues pour s'isoler complètement et permettre de saisir son ensemble dans un seul tableau. Nous avons vu, en parlant de la place d'Armes, qu'elle renferme dans son intérieur des distances suffisantes pour un grand nombre de points de vue.

L'éloignement nécessaire pour saisir l'ensemble d'un vaste palais faisant plus ou moins disparaître les détails de son architecture, plusieurs de ces détails sont en quelque sorte perdus pour les paysages environnants. S'il y a perte pour les jardins en raison de la grandeur de l'habitation, l'habitation n'en doit pas moins jouir, dans toute son étendue, des vues et des perspectives qui font le charme de son intérieur.

Les vastes terrasses de Versailles et ses grands parterres accompagnent d'une manière aussi convenable que brillante ses lignes architecturales. Supposons un instant qu'on restitue au terrain ses pentes primitives, qu'on fasse disparaître le fer à cheval et l'Orangerie, comment contourner des pelouses autour de ce vaste Palais? où planter des massifs d'arbres sans masquer les décorations de l'architecture? Ce n'est pas ici un pavillon isolé comme était autrefois le pavillon royal de Marly, lequel pourrait servir de modèle pour l'habitation d'un jardin pittoresque. Il serait impossible, devant ces vastes dispositions du Palais de Versailles, d'obtenir, avec des pelouses sans ombrages, un ensemble qui ne laissât pas regretter le bel ensemble existant. Ces terrasses suspendues, paraissant élever le Palais jusqu'au ciel, produisent un des résultats les plus beaux de l'architecture et les plus admirés dans tous les temps depuis les jardins de Babylone.

Ces terrasses et les ailes du Palais avaient autrefois des vues lointaines et variées, dont elles se trouvent actuellement plus ou moins privées par de hautes murailles de verdure. On peut encore, pendant l'hiver, à travers les cimes des arbres dépouillés de feuillage, entrevoir plusieurs des aspects lointains et juger des belles perspectives qu'ils offriraient aux terrasses et aux parterres.

Vis-à-vis le centre de la façade, du côté de l'ouest, un seul point, l'ouverture du Tapis-Vert, se présente comme une sorte de lunette au bout de laquelle on voit la longueur du grand canal. Plusieurs des auteurs qui ont écrit sur l'art des jardins, en critiquant les lignes droites qui déterminaient forcément le principal point de vue des jardins réguliers, semblent indiquer la perspective du canal de Versailles et le lointain qui la termine. Le genre régulier incontestablement montre là le défaut qui lui est inhérent. A droite et à gauche de cette ligne perpendiculaire au Château, il y a de beaux horizons, tandis que vis-à-vis, ce point de vue forcé, pendant une grande partie de la belle saison, après que les blés ont cessé d'être verts, l'œil ne découvre dans ce lointain qu'une plaine d'aride apparence. En 1820, lorsque les terres du grand Parc étaient aliénées, Gabriel Thouin avait imaginé des projets gigantesques pour embellir ce point de vue. Il est suprenant qu'un moyen très simple, très facile et peu dispendieux n'ait pas été depuis longtemps mis à exécution. Ce moyen consisterait à faire l'acquisition, sur la dernière éminence qui, pour le point de vue dont nous parlons, termine l'horizon, à faire dans cet endroit qui se trouve être le haut d'une plaine un peu au-delà de Villepreux, l'acquisition d'une bande de terrain, pour la planter en bois taillis. Cette ligne boisée modifierait aussitôt l'horizon et la perspective de Versailles. Il suffit, pour se convaincre de ce résultat et pour l'apprécier, de jeter la vue sur un coteau couvert de bois, lorsqu'une interruption dans la ligne boisée vient mettre à découvert un terrain aride; la partie boisée de ce coteau forme un horizon charmant, tandis que la partie dénudée désenchante la vue. L'explication de ce fait se trouve dans l'appréciation des nuances produites par les reflets de la lumière et par le jeu des ombres. Le point de perspective dont nous parlons serait à une distance assez éloignée pour prendre constamment, par l'effet des plantations, ces nuances délicieuses des horizons lointains.

La plus belle de toutes les vues dont jouissent les parterres de Versailles est incontestablement, dans l'état actuel, la vue sur la pièce d'eau des Suisses et sur les coteaux de Satory; on peut remarquer le gracieux profil de cette vue prolongée sur la plaine voisine.

L'aspect du canal fait en face du Château le plus bel ornement. Toute chose qui paraît belle a la propriété d'attirer vers elle : aussi le promeneur est-il porté à se rapprocher de ce canal, espérant trouver là des enchantements et des impressions délicieuses. Hélas! quelle déception! Les bords de ce canal, formés par de longues murailles, sont véritablement désolés, et celui qui les a vus de près n'est plus tenté d'y revenir. Ses souvenirs ne lui représentent que des eaux noires venant baigner des rivages arides et déserts auxquels aboutissent des allées droites, non motivées, aussi tristes que monotones.

Aujourd'hui qu'on sait enchanter les lieux les plus ingrats, ne serait-il pas très facile de procurer les mêmes enchantements à un lieu pour lequel on a déjà tant fait et qui réunit de si nombreux avantages? La chose est très facile aujourd'hui plus que jamais, depuis que, grâce à de magnifiques travaux, on peut se procurer des eaux plus abondantes et plus promptement renouvelées. Cette chose est facile sans détruire ni même altérer les œuvres de Louis XIV et de son siècle.

XXIV. — Modifications à faire dans les jardins pour ouvrir des points de vue aux parterres et aux ailes du Château.

Nous établissons, d'après un principe généralement admis, que de très vastes dispositions symétriques, telles que celles des parterres de Versailles, mises en regard de vastes décorations architecturales, sont d'une beauté réelle. Dans une forêt ou même dans un bois assez étendu, surtout lorsque ce bois est choisi comme lieu habituel pour des fêtes, de longues et vastes allées droites ont une parfaite convenance. En partant de ce principe, nous disons qu'on doit respecter les œuvres du grand siècle; on doit conserver l'ensemble produit par ces vastes conceptions. Mais il est des détails qui peuvent être modifiés, lorsque les modifications à faire ont de grands avantages sans avoir d'inconvénients.

Il est évident que les agréments d'une promenade dépendent non-seulement du bien-être et de l'air qu'on y respire, mais qu'ils dépendent aussi des spectacles qu'elle présente à nos regards. Or, dans une promenade entre deux murailles, que ces murailles soient en pierres ou en charmilles, il ne doit se trouver qu'ennui et monotonie. Les allées couvertes sans vues latérales et sans perspectives ne plaisent qu'un instant. Dans ce composé d'allées bordées de charmilles qui forme les jardins de Versailles, la seule allée motivée, la seule qui ait un but, c'est le Tapis-Vert qui conduit au grand canal, ou qui conduit au Château; les autres allées ne conduisent à rien, aussi sont-elles presque toujours désertes.

Deux bosquets, où se trouvent d'un côté les bains d'Apollon et de l'autre côté la cascade de Le Nostre, sont plantés de très grands arbres tellement rapprochés entre eux qu'aucun de ces arbres ne peut avoir l'espace nécessaire à son développement. Ces bosquets sont de plus enveloppés d'une ceinture de grands arbres et de charmilles formant muraille; ni l'air ni le soleil ne peuvent suffisamment pénétrer dans leur intérieur.

En montant sur les rochers qui dominent la grotte d'Apollon, nous avons examiné pendant l'hiver, au travers des charmilles dépouillées, la grande façade du Palais, et nous avons été émerveillés de l'effet magique qu'elle produit vue au travers des arbres, en même temps qu'en s'éloignant davantage elle se met aussi davantage en perspective.

D'après ces considérations, le bosquet des bains d'Apollon et le bosquet de la Cascade, de Le Nostre, qui s'opposent le plus à la vue, devront être mis en clairières, en entourant les objets d'art de légers treillages. Les charmilles qui environnent ces bosquets étant disparues, ainsi que les rangées d'arbres en face du Château, des groupes transparents, fournis par les plus beaux arbres conservés, formeront les premiers plans et laisseront passer la vue pour les ailes du Château comme pour les parterres, qui jouiront alors des horizons lointains. Dans l'intérieur de ces bosquets, au travers des rochers et des pelouses accidentées, serpenteront des sentiers sinueux. Il faut remarquer que ces deux bosquets sont sur les pentes du coteau primitif; il est donc naturel de faire descendre de leurs rochers des chutes d'eau venant former des rivières qui, après avoir serpenté dans les jardins, viendront s'unir à la tête du grand canal pour le convertir en un lac avec îles, bords ondulés, vertes prairies entrecoupées de bois, clairières, groupes d'arbres, arbres isolées, massifs, élysées et bocages, avec perspectives riantes et multipliées. Ces aspects nouveaux feront naître mille enchantements dans ces vastes espaces, jusqu'à ce jour attristés par une invariable uniformité et soumis à la plus complète monotonie. Les nouveaux jardins et le grand lac s'uniront plus intimement que les jardins actuels et le grand canal, dont les rapports mettent en évidence l'art sous lequel ils sont assujettis. Un rocher donnant un courant d'eau dominera la cascade de Le Nostre, conservée comme objet d'art.

Les quatre grandes allées qui forment le dessin du jardin de Louis XIV seront conservées. L'intérieur de quelques bosquets, aujourd'hui sans intérêt, sera modifié pour être égayé par des ruisseaux et des prairies, et surtout pour avoir les espaces nécessaires au développement des groupes de beaux arbres. Afin de donner plus de gaieté et de salubrité à tout cet ensemble, les murailles de charmilles devront généralement disparaître, ainsi que les murs de clôture qui seront remplacés par des fossés dissimulés à la vue.

L'art, régnant sur cette colline de Versailles, permettra d'entrevoir les dispositions de la nature et ses grâces primitives au milieu des splendeurs dont il l'aura parée.

### XXV. — Nouvelle disposition du Tapis-Vert et des jardins de Versailles.

Le Nostre, dans une promenade avec Louis XIV, obtint, non sans difficulté, la permission d'élargir l'allée Royale ou le Tapis-Vert; il est probable que s'il eût eu toute liberté d'agir, il aurait donné au Tapis-Vert un vaste dégagement comme à la pièce d'eau des Suisses, comme dans les jardins de Marly. Toutefois, cette allée Royale du Parc de Louis XIII, en rapport avec l'ancien Château, n'était pas alors bordée de très grands arbres, les charmilles et les taillis ne masquaient pas la vue dont jouissaient les parterres.

La disposition nouvelle, pour procurer ces avantages essentiels des points de vue, présentera une vaste pelouse ayant toute la longueur de l'ancien Tapis-Vert et s'élargissant sur les côtés en prenant les deux quinconces et deux autres bosquets, l'un le bosquet des Dômes, dans lequel il n'existe plus qu'un bassin en ruine, et l'autre le bosquet de la Colonnade.

Alors sera mise en perspective cette colonnade célèbre qui, se trouvant sur une portion mamelonnée de la nouvelle pelouse, sera dégagée de toutes parts, accompagnée de groupes d'arbres, et formera une fabrique enchantée, digne de cette grande composition. Le terrain aux environs de la Colonnade a été visiblement modifié par la planimétrie. Au sud de la Colonnade, on voit encore le petit vallon où coulait le ruisseau qui, du temps de Louis XIII, alimentait le bassin d'Apollon. En enlevant, du côté du Tapis-Vert, une certaine quantité des terres rapportées, on ferait paraître la Colonnade sur une éminence, et cette modification procurerait à la nouvelle pelouse un léger mouvement dans ses pentes.

Nous avons dit, en parlant des cours entourées de bâtiments, qu'elles étaient essentiellement tristes parce que des murailles ne sont agréables à voir, en dehors des monuments, que lorsqu'elles contribuent avec les sites naturels à former des paysages, à former des tableaux. C'est par leurs libres rapports avec les sites environnants que les ruines au milieu des campagnes se prêtent d'une manière aussi merveilleuse à l'art de la peinture.

Il faut à un monument des espaces environnants en rapport avec ses dimensions. Il faut que, sur toutes ses faces, sur tous ses angles, il puisse se présenter à des distances conformes aux désirs du dessinateur.

La nouvelle disposition du Tapis-Vert, en dégageant de tous côtés la colonnade, en montrant cette féerique architecture à des distances suffisantes, accompagnée de différents groupes d'arbres, présentera une des plus heureuses situations qu'un pareil monument puisse avoir, car rien n'indique que cette magnifique colonnade doive être étroitement renfermée dans une enceinte impénétrable de verdure, et que son pourtour extérieur, brillant par ses marbres et par ses sculptures, ne soit pas fait pour être mis en évidence. Peut-être viendra-t-on objecter que les avantages dont la fera jouir cette nouvelle disposition seront plus nombreux que ceux que cette colonnade pourra procurer; cependant un pareil monument sera justifié sur le nouveau Tapis-Vert comme tous les objets d'art qui conviennent pour décorer les abords d'un vaste palais.

Les vases et les statues de l'ancien Tapis-Vert seront placés sur deux lignes courbes, aux bords latéraux de cette nouvelle et grande pelouse. Cette distribution sera plus gracieuse et fera plus valoir les objets d'art que les deux lignes droites sur lesquelles ils se trouvent posés, où le profil donne à leur ensemble l'aspect de deux longues murailles.

Des groupes d'arbres et des arbres isolés seront conservés, assez espacés pour laisser entre eux de libres points de vue.

Des corbeilles et des massifs de fleurs, jetés de part et d'autre, viendront contraster leurs effets et corriger ce que cette pelouse pourra peut-être trop accorder à la régularité et à l'ancienne planimétrie.

De délicieux et nombreux points de vue seront donc procurés aux parterres et à toute cette façade occidentale du Palais, par les clairières pratiquées dans les bosquets des bains d'Apollon et de la cascade de Le Nostre, et par la grande ouverture du nouveau Tapis-Vert.

Quelle variété, quelle vie, quelle animation, remplaceront la tristesse et la monotonie; et cependant quelle unité dans toute cette disposition nouvelle ! Cette unité sera plus complète qu'auparavant, puisqu'elle s'appropriera la la nature extérieure, tandis que l'ancienne disposition, se trouvant étrangère à cette nature extérieure, produisait l'isolement et par conséquent la tristesse.

Il est une objection que, sans doute, on a fait valoir, et que l'on peut faire valoir encore en faveur de l'état de choses existant. Cette objection consiste dans l'exposé des rapports de convenance entre les lignes droites du grand canal et des allées du Parc, et les lignes droites des terrasses et du Palais. Quels que soient les avantages que cette objection puisse faire ressortir, dans cette circonstance, en faveur des lignes droites, cette objection n'est pas fondée; il n'existe aucun rapport nécessaire entre les lignes droites, soit du grand canal, soit des allées qui l'accompagnent, et les lignes droites des terrasses et du Palais. Le grand canal n'est pas, comme l'Orangerie, une dépendance dont les formes soient assujetties aux exigences de l'architecture; il n'est pas dans les conditions des bassins qui décorent les terrasses comme les décorent les vases et les statues; sa distance le met dans les scènes de la nature, dans lesquelles un lac produit une perspective plus belle que la perspective d'un canal. De même que la suite des coteaux de Satory, avec leurs ondulations et la verdure de leurs bois, offre une perspective plus belle que l'aspect qu'offrirait une longue muraille soutenant une terrasse dont les lignes droites pourraient être considérées comme une dépendance des lignes droites du Palais. Le grand lac sera, comme les coteaux accidentés de Satory, une dépendance du Palais autant que le grand canal, et la vue dont les parterres et le Palais jouiront sur ce lac sera d'une beauté infiniment supérieure à la beauté de la vue actuelle, malgré qu'on l'ait admirée et qu'on l'admire encore depuis le commencement du XVII⁰ siècle. Il faut, en se plaçant sur le haut du fer à cheval, comparer dans l'imagination ces deux vues, pour reconnaître la grande supériorité qu'offriront les dispositions nouvelles.

Nous devons faire remarquer que les anciennes allées principales, dont les carrefours sont occupés par les bassins des Quatre-Saisons, seront parfaitement conservées, ainsi que tout ce qui se rapporte au grand bassin de Neptune.

Les allées droites et les lignes droites ont été considérées comme contraires à la nature; cependant un grand nombre d'arbres sont et seront d'autant plus admirés que leurs tiges se rapprochent ou se rapprocheront plus parfaitement de la ligne droite. Les lignes droites, comme toutes les courbes imaginables, se trouvent donc dans la nature.

Quant aux allées, la nature ne fait pas plus des allées sinueuses que des allées en ligne droite. Les allées sont constamment un produit de l'art; et, quoi qu'on en ait dit, elles sont indispensables dans les jardins, où cependant elles doivent être multipliées le moins possible.

Dans les parterres et les jardins de Versailles, les jets d'eau seront tous conservés; les jets d'eau ne sont pas contraires à la nature qui les produit quelquefois sans le secours de l'art. Si la vue d'une colonne ou d'un obélisque peut plaire dans un bocage, pourquoi donc un jet d'eau ne pourrait-il s'y montrer sans être considéré comme une monstruosité ridicule. L'affluence constante des promeneurs au jeu des eaux est une protestation perpétuelle contre les détracteurs des eaux jaillissantes.

Il serait à désirer que les eaux arrivant à Versailles fussent assez abondantes pour que, toujours et sans interruption, le jeu continuel des eaux vînt animer les jardins et récréer la vue.

Nous ne voulons pas conclure que les jets d'eau doivent constamment figurer dans les scènes naturelles, mais qu'ils sont un des plus beaux ornements pour accompagner les monuments des arts.

Partout où se trouvent des bois, des prairies et des eaux, il est facile de se procurer de charmantes promenades, pourvu qu'on n'y soit pas attristé par l'aspect des limites et des clôtures. Nous donnerons un libre accès dans l'intérieur des bosquets, où seront disséminées des touffes d'arbustes et d'arbrisseaux toujours verts, motivant, en toute saison, les différentes allées. En cherchant les effets naturels, nous respecterons les plantations le plus possible. S'il est nécessaire de pratiquer des clairières pour avoir et conserver de beaux arbres, il n'est pas moins utile, en ménageant des points de vue, de donner à l'ensemble de cette partie du Parc occupée par les jardins l'aspect général d'une haute futaie venant accompagner les grandes lignes du Château et multiplier les ombrages pendant les sécheresses et les chaleurs. Dans la nouvelle disposition, les jardins actuels formeront une haute futaie traversée par des allées, égayée et assainie par des clairières où des eaux vives animeront des pelouses plus ou moins étendues. C'était un ancien usage des châteaux d'autrefois d'avoir un grand bois dans leur voisinage.

Les jeunes chênes dont sont plantés les intérieurs des jardins de Versailles semblent réclamer la nouvelle disposition et les espaces nécessaires pour étendre leurs cimes majestueuses.

Lorsqu'on voudra de vastes prairies et des aspects variés et grandioses au bord des eaux, on viendra visiter les rives du grand lac et ses îles fleuries.

Lorsqu'on voudra de magnifiques horizons, d'immenses et lointaines perspectives, on s'élèvera sur la longue ligne des coteaux de Satory où se trouveront disposés des plates-formes et des belvédères dans les endroits offrant les sites les plus remarquables.

### XXVI. — De la pièce d'eau des Suisses.

Le Parc et le Palais de Versailles sont, comme nous l'avons dit, intimement liés dans leur histoire et dans leur exécution. C'est une des conditions premières qui fait le mérite de ce grand ensemble. Cette union, admirablement établie par le grand siècle entre le Palais et les espaces environnants, doit toujours, dans les embellissements futurs, être soigneusement conservée. Cette union permet, dans l'étude comme dans la promenade, de revenir, sous des points de vue différents, à l'examen des mêmes choses. Nous avons parlé de l'aspect magnifique que présente la pièce d'eau des Suisses, et de son harmonie avec le site et les longues lignes du Palais. Lorsqu'on a formé cet ensemble, on a changé de ce côté les dispositions trop restreintes du Parc de Louis XIII pour établir cette grande harmonie. Les beautés de cet ensemble doivent être respectées; cependant, un examen attentif démontre que cet ensemble peut être perfectionné dans ses détails. Dans son état actuel, cette vaste pièce d'eau, très belle en perspective, donne cependant l'idée de l'immobilité; la promenade sur ses bords manque des enchantements que produisent les grâces de la nature. En conservant ses beautés, il est facile d'ajouter à ce vaste local les agréments des sites naturels; il est facile, en le rendant conforme aux lois de la nature, de l'embellir infiniment.

La suppression des angles qui sont dans son pourtour, et quelques légères ondulations de ses bords donneront l'aspect d'un lac à la pièce d'eau des Suisses. Un excellent dessinateur de jardins, Gabriel Thouin, qui avait fait des plans trop gigantesques pour le Parc de Versailles, avait eu l'idée de faire tomber, en face de la pièce d'eau des Suisses, une cascade, des hauteurs de Satory. On pourrait sans doute, encore aujourd'hui, jeter un pont sur le passage du chemin de fer et former, avec des rochers superposés, une éminence du haut de laquelle se précipiterait une cascade venant produire ce lac appelé la pièce d'eau des Suisses. Cependant la réflexion et un examen attentif du site doivent faire donner la préférence à des moyens plus simples, moins incertains et beaucoup moins dispendieux. Pour qu'une cascade, où nous la supposons ici, formât, vue du Château de Versailles, un tableau remarquable et en rapport avec l'immense théâtre où elle serait placée, il la faudrait telle qu'un fleuve en se précipitant pourrait la produire ; mais il ne serait pas possible de se procurer continuellement un pareil courant d'eau. Un autre inconvénient consisterait dans cette saillie de rochers qui viendrait contrarier la nature du site et altérer sa magie.

Entre la statue équestre, œuvre du chevalier Bernin, et l'avenue faisant suite à la rue Satory, se trouve un vallon merveilleusement dessiné par la nature ; dans ce vallon passe un viaduc du chemin de fer, ouvert par une arcade ; il serait facile de faire une ou deux autres arcades pour dégager plus complétement la vue ; on unirait alors un effet monumental à un effet naturel des plus heureux. Une rivière et ses chutes, alimentées par une source sortant au sein du vallon, différents courants surgissant, soit autour de la statue dont nous venons de parler, soit sur les pentes qui se trouvent du côté de l'ouest, ainsi qu'une rivière sortant de l'espace de l'ancien potager, en tombant dans la pièce d'eau des Suisses, lui donneront tous les caractères d'un lac véritable, désigné désormais sous le nom de lac supérieur. Une rivière sortant de ce lac arrivera, comme le plus grand affluent, au lac inférieur remplaçant le grand canal.

Devant les orangeries de Versailles, ces différentes rivières baignant de vertes prairies, ce lac aux eaux limpides, ces groupes d'arbres, ces frais vallons, ces coteaux couronnés de forêts, toutes les beautés de la nature, s'harmonisant avec les grandes lignes du Palais, feront un ensemble merveilleux.

### XXVII. — Du grand lac.

Le grand lac, que nous avons indiqué comme le but vers lequel se dirigeront les rivières dont le cours viendra embellir et animer les jardins, occupera l'espace du grand canal dû aux conceptions de Le Nostre. C'était une belle et grande idée que de dérouler en face du Château cette longue étendue d'eau. Toutefois, nous voyons ici le résultat de l'un des travers du siècle de Louis XIV (chaque siècle a les siens) qui pensait que l'art pouvait surpasser la nature. Quelque bel effet que produise l'aspect d'un canal, ses lignes droites, très belles sur le papier, n'auront jamais, dans la réalité, les grâces et les charmes des lignes ondulées d'un lac tracé par la nature ou d'après son modèle. Le site se prête d'autant plus à cette décoration que les terrains dans lesquels on a creusé le grand canal étaient, comme nous l'avons dit, des terrains marécageux.

Dans la disposition nouvelle, rien ne sera retranché du grand canal, seulement ses bords seront agrandis et modifiés ; on leur donnera des contours pour former un ensemble conforme à la nature. Dans le nouveau lac se trouveront des îles qui l'embelliront infiniment et faciliteront la formation de ses contours. Son extrémité occidentale et la rivière qui lui servira de sortie exigeront une étude attentive, car l'art symétrique a fait là de grands travaux qu'il faudra modifier pour rentrer dans les lois de la nature. Ainsi la perspective du grand lac n'aura rien en moins que celle du grand canal ; elle aura en plus, elle sera plus belle. Quels délicieux aspects les portiques de Trianon offriront lorsque des prairies lointaines on les verra se dessiner devant l'horizon couvert de forêts ; car, entre Trianon et l'extrémité occidentale du lac, la nature des terrains permet d'avoir des prairies d'une constante verdure. Il est facile, lorsqu'on possède des eaux dont les niveaux varient à volonté, d'obtenir par les irrigations, sur presque tous les terrains, des gazons toujours verts, même pendant les sécheresses et les chaleurs.

Les environs du lac dont nous parlons seront les grands jardins, les véritables jardins de Versailles. Cela sans exiger des dépenses excessives.

La chose la plus essentielle est d'avoir de belles eaux, de conduire au loin tous les égoûts et même d'employer des moyens pour qu'ils cessent d'infecter le ruisseau de Gally.

XXVIII. — Moyens de faire cesser les inconvénients des égoûts et d'utiliser leurs produits.

Il est déplorable de voir tous les pays qu'une rivière arrose infectés et désolés par cette rivière qui devrait être leur plus bel ornement. Lorsque du haut du Palais de Versailles on promène ses regards sur cette belle vallée de l'ouest, n'est-il pas pénible de penser que cette vallée, dans toute sa longueur, a son centre infecté par le ruisseau qui devrait l'embellir?

Ce serait un bienfait de notre siècle envers l'humanité de délivrer les fleuves et les rivières des immondices produites par les villes, et ce bienfait aurait pour résultat une nouvelle industrie utile à l'agriculture, se subventionnant elle-même, et perfectible dans son avenir comme toutes les industries.

Une compagnie, dit-on, propose d'entreprendre les travaux nécessaires pour l'assainissement du Gange, principalement infecté par la décomposition des cadavres, que des populations fanatiques ont l'habitude de jeter dans ce fleuve. Les matières putrides, entraînées par les égouts des villes, ont une grande analogie dans leur nature et dans leurs résultats avec les matières putrides provenant des décompositions cadavériques, et leur disparition doit être le sujet d'une égale sollicitude.

La question de la salubrité des eaux est, sous tous les rapports et pour tous les pays, une question d'une grande importance. Des causes nombreuses peuvent altérer les eaux ; nous n'examinerons ici que l'altération provenant des égouts, c'est la seule qu'il y ait lieu d'examiner actuellement.

Les égouts, formant des courants assez volumineux, arrivent dans les vallées pour s'unir aux courants des ruisseaux, des fleuves ou des rivières. Une des premières conditions à remplir est d'empêcher cette union, d'empêcher l'infection du lit des eaux naturelles. Il faudrait pour cela conduire les courants des égouts, parallèlement aux courants des eaux pures, jusqu'à ce que ces courants des égouts, arrivant sur des terrains assèz éloignés des habitations, puissent être soumis à la nouvelle industrie dont nous parlons.

Dans ces terrains, éloignés des habitations, on creuserait, en plus ou moins grand nombre, et dans les formes les plus convenables, des bassins pour faire déposer les eaux des égouts.

Le courant de ces eaux devrait pouvoir être détourné selon les circonstances.

Lorsqu'un courant d'eau sort d'un lit resserré pour entrer

dans un lit plus vaste, ce courant se ralentit en raison de l'étendue de son lit nouveau. Ce ralentissement donne à l'eau le temps de déposer les matières étrangères que son courant entraînait lorsqu'il avait une plus grande rapidité.

Les bassins dont nous parlons pourraient, par leur construction, favoriser infiniment le résultat à obtenir, changer l'eau bourbeuse en eau claire. Ces bassins pourraient former de grands filtres ; les eaux, par le ralentissement de leurs cours, déposeraient sur le fond des bassins tandis qu'elles se filtreraient en traversant les parois latérales. Les parois latérales de ces bassins seraient formées par deux murailles perméables entre lesquelles existerait un espace plus ou moins grand, espace que l'on remplirait de sable de grès, sable qui peut se mélanger aux engrais sans nuire à la culture des terres.

Dans un bassin rempli d'eau bourbeuse, cette eau non agitée, dont le courant serait ralenti, déposerait la bourbe dans le fond du bassin pendant que les parois du pourtour laisseraient passer les eaux clarifiées. Le dépôt du fond étant formé et le sable du filtre saturé de matières vaseuses, on changerait la direction du courant pour le faire passer dans un autre bassin. Le premier bassin ne recevant plus d'eau bourbeuse, bientôt ne contiendrait que les vases déposées sur son fond et dans les sables qui lui servaient de filtre. On répandrait alors une quantité plus ou moins grande de terre végétale sur le dépôt vaseux pour augmenter sa consistance et absorber les émanations, puis on enlèverait ce dépôt.

Afin de faciliter les manœuvres, les bassins auraient une forme allongée. L'étendue et la profondeur de ces bassins varieraient suivant l'importance des égouts. Il sera nécessaire d'établir cette exploitation sur un sol offrant une pente suffisante pour l'écoulement des eaux épurées reçues dans des rigoles pratiquées, en dehors et autour de ces bassins, le long de leurs murailles extérieures. Il pourrait être avantageux de recouvrir ces bassins pendant l'épuration des eaux pour s'opposer à l'évaporation des gaz nuisibles dans l'atmosphère et utiles dans les engrais. Différents moyens pourraient être employés pour recouvrir ces bassins.

Pendant qu'on enlèverait les dépôts des bassins remplis de vases devenues assez consistantes et qu'on renouvellerait les sables destinés à filtrer les eaux, d'autres bassins se rempliraient pour être plus tard vidés à leur tour. La terre végétale répandue sur les vases infectes suffit pour absorber les gaz délétères, et l'emploi des substances chimiques pourrait n'être que rarement réclamé. Ces dépôts vaseux formeraient de puissants engrais pour la culture.

Les eaux des égouts, après avoir déposé leurs immondices, se trouveraient changées en eaux claires que l'on pourrait faire absorber, plus ou moins, par les terres végétales, et qui, toutefois, en venant s'unir aux rivières, cesseraient de les altérer d'une manière funeste.

Cependant, les eaux clarifiées dont nous parlons ne seraient pas des eaux salubres, à moins de leur faire subir des modifications pour leur enlever toutes leurs matières organiques, modifications qui deviendraient difficiles et dispendieuses ; il y aurait donc un plus grand avantage à les faire absorber par les terres végétales auxquelles elles donneraient une puissante fertilité.

Pour se procurer des engrais, on ne craint pas de faire de grands sacrifices, on va les chercher à des distances souvent très éloignées, même au-delà des mers. Pourquoi donc n'emploierait-on pas les eaux fécondantes qu'on a à sa disposition, lorsque leur emploi deviendrait facile après la séparation des vases dont elles étaient chargées ? On pourrait, dans leur cours, les enlever avec des pompes mues par des manéges ou par la vapeur. Alors ces eaux seraient distribuées dans les plaines et absorbées par les terres auxquelles elles donneraient une fécondité abondante et lucrative. Dans ces circonstances, le courant ou les différents courants de ces eaux seraient maintenus dans des lits ou canaux de plus en plus étroits jusqu'à ce que ces courants disparaissent par les épuisements de ces eaux fécondantes.

Le ruisseau de Gally, examiné dans son état actuel, suffit pour constater une grande partie des faits dont nous parlons ; il présente, en quelque sorte, la réalisation d'une partie de ces projets, mais il la présente dans des conditions très imparfaites et très désavantageuses.

Le ruisseau de Gally, depuis sa sortie des égouts, à l'extrémité du Parc de Versailles, jusqu'à sa sortie de l'étang de Grignon, constitue une sorte de long bassin de dépôt où les vannes de plusieurs moulins, arrêtant le cours de l'eau, favorisent l'accumulation des vases dans cette longue étendue. Ces vases sont, à chaque instant, retirées par les cultivateurs pour féconder les champs et les prairies.

Enfin, à la sortie de l'étang de Grignon, au fond duquel se forme le dernier dépôt, le ruisseau de Gally est changé en eau claire mais non salubre, car elle répand encore l'odeur des décompositions putrides, malgré son mélange avec plusieurs sources pures et volumineuses.

Le bassin d'épuration actuel, ayant la longueur de toute la distance qui se trouve entre Grignon et Versailles, cesserait d'exister ; il ferait place à un ruisseau pur et limpide, et serait suppléé, dans le projet dont nous parlons, par trois ou quatre bassins de la longueur de quelques mètres ; et les émanations putrides qui infectent actuellement toute une vallée auraient pour limite, loin des habitations, un point presque imperceptible. De plus, les substances fécondantes, préservées de déperditions inutiles, et recueillies dans des conditions meilleures que dans l'état actuel, donneraient un résultat plus avantageux.

Si la nouvelle industrie, dont nous venons d'exposer les plans et les moyens, était généralisée, elle changerait la destinée d'une chose jusqu'à ce jour funeste, et la rendrait désormais utile et favorable à l'agriculture et à l'humanité.

En jetant les yeux sur la carte d'un pays habité, si l'on calculait la quantité de matières organiques entraînées par les égouts, sans produire d'autre résultat que les altérations des eaux et les altérations atmosphériques, on pourrait être surpris de la masse d'engrais que l'industrie aurait à retirer de ces égouts au profit de la culture. Les décompositions organiques retirées des égouts offriraient d'immenses avantages comme substances fécondantes, tandis que, jusqu'à ce jour, elles ont été constamment nuisibles, en infectant les eaux et l'atmosphère des vallées. On pourrait donc arriver à la solution de deux grandes questions, l'une relative à l'hygiène, et l'autre relative à l'agriculture.

Les villes situées près des rivages ou sur les rivages des mers mettront quelquefois plus difficilement à profit l'industrie dont nous parlons ; l'impérieuse nécessité de se débarrasser de leurs immondices doit leur faire sacrifier d'autres intérêts à l'intérêt de l'hygiène, malgré que les conditions hygiéniques seraient meilleures si les produits des égouts étaient transportés au loin et utilisés comme substances fécondantes.

Nous insistons sur cette question de l'assainissement des eaux, parce que c'est une question première, d'une importance générale et d'une importance spéciale dans cette circonstance, car les eaux insalubres sont essentiellement nuisibles et ne doivent pas servir à décorer les jardins.

Un jour, cette importante question sera résolue ; un jour, la Seine et la Tamise cesseront de mêler à leurs eaux les égouts des grandes cités, car l'infection des fleuves et des rivières, et, par suite, de l'atmosphère des vallées, ne peut pas être le résultat perpétuel de la civilisation, et l'assainissement des eaux est une des conditions du progrès de l'avenir.

Que deviendrait, dans l'état actuel, la vallée de la Seine au-dessous de Paris, s'il arrivait une sécheresse semblable aux sécheresses de 1303 et 1304, où la Loire, le Rhin, la Seine et le Danube étaient à sec. Cette question de l'assainissement des eaux doit donc être considérée comme une question générale pour faire ressortir sa grande importance. Il y aurait des études à faire sur toutes les causes des altérations atmosphériques, de même que sur les causes des altérations des eaux; ces études seraient également d'un haut intérêt, puisqu'elles pourraient servir à prévenir un grand nombre de maladies; par la respiration, tous les êtres vivants entretiennent leur vie; si l'air est altéré par différentes causes, il importe de connaître ces altérations et de s'opposer aux causes qui les produisent.

**XXIX. — Utilité de recourir aux différents moyens que l'on peut employer pour procurer à Versailles des eaux abondantes et constamment renouvelées.**

Relativement à notre question spéciale, nous ferons remarquer que l'étude géographique montre différents cours d'eau naturels dont les sources, plus ou moins rapprochées, doivent être au-dessus du niveau des rigoles qui amènent des eaux à Versailles, et qu'on pourrait espérer la réussite des puits artésiens dans quelques endroits de la longue étendue de ces rigoles. Il importe de se procurer constamment par différents moyens des eaux assez abondantes.

Dans les jardins de Versailles, le jeu continuel des eaux correspondrait à la nouvelle destinée du Parc et du Palais. Les rivières sortant de ces jardins renouvelleraient sans interruption les eaux du grand lac, dont la limpidité ferait alors le charme le plus enchanteur sur ses bords et dans toute sa vaste étendue.

**XXX. — Du Palais de Trianon.**

Après ces réflexions sur le grand lac, qui offrira les plus riants points de vue et réunira sur ses bords les endroits les plus enchanteurs des jardins de Versailles, l'importance du merveilleux Palais de Trianon exige quelques considérations spéciales. Nous avons dit que, dans l'intérieur du Parc de Versailles, il se trouve un certain nombre de petites collines; c'est sur une de ces collines qu'a été bâti l'élégant Palais de Trianon. Cette colline a été modifiée dans sa pente méridionale, et la terrasse qui domine l'extrémité septentrionale du canal a une certaine ressemblance de position avec l'Orangerie de Versailles.

Le Palais de Trianon se trouve très élevé du côté des jardins relativement aux bords du grand canal. Lorsque les prairies seront dessinées, après que des espaces suffisants auront été ouverts au travers des bois, ce Palais aura des perspectives lointaines dont il avait été privé jusqu'à ce jour. Ces perspectives se prolongeront sur le centre de la vallée de Gally, dont une longue étendue semble s'aligner perpendiculairement à la grande façade du Palais. L'ouverture de cette vallée laissera entrevoir les lointains qui la dominent, et l'on pourra peut-être, du Palais de Trianon comme du Palais de Versailles, distinguer sur le bord des forêts, à des distances de 12 à 15 kilomètres, des flèches ou des clochers des XIIᵉ, XIIIᵉ et XVIᵉ siècles, remarquables par leur architecture, malgré les mutilations qu'ils ont subies.

Les prairies nouvelles, recouvrant des terrains fertiles toujours rafraîchis par le voisinage des eaux et par de faciles irrigations, n'auront jamais à redouter les sécheresses ni les chaleurs, et présenteront constamment de frais tapis de verdure se déroulant au loin devant les élégants portiques de Trianon. D'autres perspectives délicieuses s'offriront encore à Trianon sur le lac, sur ses bords accidentés, sur ses îles, sur les coteaux de Satory et sur les forêts lointaines. Dans ces nouveaux jardins, sur ces vastes et riantes prairies se trouveront des arbres superbes, car il en existe un grand nombre dans les bois actuels. Là se dessineront, dans des distances en rapport avec leurs dimensions, des masses de verdure, des groupes variés par leur forme, leur feuillage et leur grandeur. Ces groupes ne demanderont d'autre soin que d'être soumis, en temps convenable, à des éclaircies, afin de pouvoir développer ces arbres aux cimes majestueuses qui sont l'héritage des siècles et la gloire actuelle et future de l'art des jardins.

On n'aura pas à regretter les anciens jardins, qui n'ont jamais été remarquables que par les fleurs de leurs parterres. Cet ensemble d'allées droites non motivées, aussi tristes que monotones, fera place à des groupes pittoresques, à de nombreuses et attrayantes perspectives. Le sacrifice exigé de ces anciens jardins ne pourra nullement être mis en parallèle avec les avantages évidents et incontestables de la nouvelle disposition.

Les nouveaux jardins, d'une grande étendue, formeront un parc particulier qui, tout en faisant partie du grand ensemble, aura des clôtures spéciales non apparentes dont les entrées pourront être fermées à volonté. Une nouvelle allée se contournant sur le coteau de Chevreloup joindra le chemin de Bailly.

La grande avenue qui unit Trianon à Versailles, ombragée et égayée par des vues latérales, doit être conservée. Cette avenue, dans les endroits qu'elle occupe, n'a pas l'inconvénient de diviser des perspectives ; elle est intéressante par ses souvenirs, parfaite dans ses convenances, très belle dans sa position.

L'élégance du Palais de Trianon est due principalement à la disposition du vestibule à jour qui occupe toute la largeur de la cour d'entrée. Cet effet des colonnades transparentes, admiré dans tous les temps, sera multiplié à la place d'Armes et à la cour d'entrée du Palais de Versailles.

Afin de mettre en évidence les portiques qui se prolongent de chaque côté de la cour d'entrée de Trianon, il suffirait d'abattre, d'un côté, une simple muraille, et de l'autre côté un bâtiment sans mérite. Deux portions de fossés, dans le système de ceux qui sont à l'entrée, formant un quart de cercle et terminés par deux grilles, compléteraient cet ensemble. L'intérieur du Palais y gagnerait de l'air et de la lumière, et la vue extérieure présenterait un aspect plus vaste et plus beau. Il serait facile de construire, au nord-ouest du Petit-Trianon, des bâtiments de dépendance, sans que rien ne vienne paraître au-dessus des plantations.

Près de cette villa de Versailles, toujours ouverte à tous les peuples et à toutes les gloires, Trianon, avec ses nouveaux jardins, sortant de sa tristesse et de son isolement, offrirait au souverain un séjour aussi riant que magnifique.

### XXXI. — Le nouveau Parc.

La promenade étant le but principal de l'art des jardins, nous allons donner quelques indications relatives à l'intérêt qu'elle pourra présenter après l'exécution des dispositions nouvelles.

Depuis Louis XIV, dans la promenade des jardins de Versailles, on s'est borné à visiter les parterres, le bosquet des bains d'Apollon, la Colonnade, le château du Grand-Trianon et les jardins du Petit-Trianon. Cette promenade n'a jamais laissé, dans l'imagination, d'autres souvenirs que ceux des monuments des arts.

C'était, avant tout, les fêtes qu'on venait chercher à Versailles. Parmi les objets naturels, les seuls remarqués jusqu'à ce jour, des allées d'arbres et des ombrages n'ont jamais fait comprendre tout le parti qu'on pouvait tirer de ce local magnifique, admirablement disposé dans son vaste ensemble pour offrir les scènes les plus variées et les plus admirables tableaux de la nature.

D'après la nouvelle disposition, les promenades pourront être plus ou moins longues et parcourir un espace plus ou moins étendu. Commençons par la promenade autour du grand lac.

En sortant du Palais de Versailles, on admirera la vue dont les parterres jouiront sur le Parc. Un vaste dégagement dans le centre et sur les côtés, des échappées à travers les groupes des grands arbres découvriront, au midi comme au nord, des collines couvertes de forêts et des perspectives lointaines se prolongeant du côté du couchant, tandis que la grande surface du lac s'étendra majestueusement sous la vue avec ses îles et ses prairies. Cet aspect ne sera plus, comme autrefois, resserré entre deux lignes uniformes et d'une triste monotonie, il se développera largement et semblera indéfiniment s'agrandir par l'effet des ondulations, des plans successifs et des plantations transparentes. Nous avons esquissé très imparfaitement une vue sur le nouveau Parc, prise du haut du fer à cheval. Quelque imparfaite que soit cette esquisse, elle montre avec une complète évidence la supériorité des dispositions nouvelles. Ce n'est plus cette étroite ouverture de l'ancien Tapis-Vert donnant un seul et monotone point de vue. Le nouveau Tapis-Vert est un vaste élysée en rapport avec les vastes dispositions du Parc et du Palais ; la Colonnade s'y trouve dans ses convenances et dans les convenances du site qu'elle décore. Deux allées en lignes courbes présentent, sur les côtés de cette grande pelouse, les vases et les statues de l'ancien Tapis-Vert. Ces allées paraissent être une continuation naturelle des deux grandes rampes du fer à cheval ; si naturelle qu'en 1776, après la chute des anciennes plantations, on avait, il paraît, remarqué pour ce point de vue l'immense et facile amélioration que pourraient offrir des modifications analogues à celles que nous présentons. Les intendants des jardins de cette époque ont suivi les plans primitifs par la crainte, dit-on, de compromettre leur responsabilité. Ce qui fait principalement le charme de cette nouvelle disposition, ce sont les aspects lointains qu'il sera très facile d'obtenir, et qui, dans les intervalles des grands arbres, se multiplient délicieusement sous la vue. La perspective prise du haut du fer à cheval, par l'effet des pentes du terrain, fait paraître en raccourci l'espace du Tapis-Vert, il est donc très important, pour le développement de cette remarquable perspective, d'unir l'espace du Tapis-Vert aux espaces environnants et à l'ensemble de la nature.

En descendant sur le nouveau Tapis-Vert, on admirera cette Colonnade superbe, dérobée dans une étroite enceinte depuis son origine ; cette Colonnade circulaire de plus de 40 mètres de diamètre, brillante par ses marbres, par ses sculptures, par son élégance qui lui donne la magie d'un palais enchanté.

Arrivé au vaste carrefour au centre duquel est le bassin

d'Apollon, on se dirigera à gauche vers le pont sous lequel passera la principale rivière venant former le grand lac. Au-delà de la rivière, ce pont sera terminé par deux grands piédestaux dont les bases partiront du fond de l'eau. Ces piédestaux porteront deux groupes de statues, et dans leurs deux faces, du côté du pont, ils serviront de support à une grille qui remplacera l'ancienne grille des jardins. Un pavillon dérobé dans l'intérieur du massif servira de logement au concierge. Au-delà du pont se présenteront deux allées, l'une se contournera à peu de distance du bord de l'eau pour faire jouir du lac, des ombrages et des prairies, l'autre montera sur le coteau, traversera des cultures pour jouir des aspects environnants. Ces deux allées se réuniront au côté méridional du lac pour joindre un carrefour où aboutiront deux autres allées, dont l'une, passant sur un pont, viendra parcourir une île très grande où sous des ombrages frais on aura des vues délicieuses sur le lac, sur les autres îles, sur les Palais de Versailles et de Trianon, sur des élysées et de riants tapis de verdure. Au sortir de l'île, l'allée conduira vis-à-vis l'extrémité occidentale du lac, d'où l'on jouira de la perspective du Château de Versailles, non plus comme autrefois, mais dans toute sa vaste étendue. Les bords du canal n'avaient jamais été assez engageants pour qu'on vînt jouir de ce remarquable point de vue.

Au-delà de ce beau site, on arrivera à la rivière produite par le grand lac. Dans cet endroit, un pont disposé comme le premier, dont nous avons parlé, présentera une grille servant à volonté de clôture pour les jardins particuliers de Trianon; ces jardins feront, comme nous l'avons dit, partie du grand ensemble. Ils offriront de vastes prairies, des bois et des clairières, des arbres superbes, de délicieux tableaux par les vues sur le lac et sur le Palais de Trianon.

Pour limiter cette promenade et compléter le tour du lac, nous arriverons, en suivant plus ou moins ses bords, à un carrefour où se présenteront deux allées, une montant au parterre de Trianon, et l'autre se contournant entre l'extrémité septentrionale du lac et la terrasse dont elle est dominée. Vis-à-vis comme du haut de cette terrasse, la vue se prolongera sur toute l'étendue transversale du lac et sur l'amphithéâtre formé par les collines boisées de Satory. Les terrasses de Trianon sont, comme les terrasses de Versailles, de magnifiques accompagnements du Palais, et doivent être également conservées. En suivant la même allée, sur les bords du lac, on traversera des prairies et des bocages, et on arrivera à la seconde rivière qui tombera dans le lac à sa partie supérieure. Là se trouvera un pont disposé comme le premier dont nous avons parlé. Depuis ces ponts jusqu'aux fossés latéraux des anciens jardins de Versailles, les rivières serviront de clôtures. Les quatre grilles aux extrémités des anciennes allées transversales de ces jardins auront le moins de hauteur possible, et les pavillons des gardes seront dissimulés dans l'intérieur des massifs.

Cette promenade autour du grand lac nous a montré, dans plus d'une lieue de longueur, ce que pourra présenter de plus enchanteur la réunion des eaux, des bois et des prairies. Partout les paysages et les tableaux se succéderont devant les pas des promeneurs, selon les exigences de l'art actuel des jardins, art d'après lequel le même objet peut figurer dans une infinité de perspectives différentes, selon la position choisie par le spectateur.

Nous allons indiquer une autre promenade beaucoup plus longue que la première lorsqu'on suivra tout son pourtour, mais qu'on pourra facilement abréger par les communications établies entre les allées.

En partant du Palais de Versailles, nous descendrons par les grands escaliers de l'Orangerie pour aller visiter les nouveaux jardins sur les bords enchantés du lac supérieur ou pièce d'eau des Suisses. Les nouveaux jardins auront une entrée rue d'Anjou pour la ville de Versailles. La grille de la rue de l'Orangerie et les bureaux de l'octroi se trouveront beaucoup plus rapprochés du centre de la ville. Devant les Orangeries, les dégagements seront en rapport avec l'étendue des lignes architecturales. Les bords du lac seront formés par les gazons des prairies et animés par les chutes des cascatelles. Des allées sinueuses, sortant de délicieux vallons et montant les pentes d'une manière insensible, arriveront, à travers les bois et les clairières, jusque sur le sommet des hauteurs de Satory. Là, de distance en distance, des espaces seront disposés pour recevoir les promeneurs et les équipages. C'est là que la vue pourra s'étendre en liberté sur les vastes perspectives. Là seront réunis, sous les yeux des promeneurs, les effets variés des vallées et des coteaux, des bois suspendus au-dessus des points de vue, des clairières et des lointains, des lacs, des rivières, des prairies, des plaines et des cultures, des forêts et des vastes horizons.

On a lieu d'être surpris que, depuis Louis XIV, on n'ait rien fait pour engager à visiter ces beaux sites. Il est heureux, toutefois, qu'on n'ait pas défiguré ces coteaux par des murailles et des terrasses pour faire des promenades en lignes droites. Lorsqu'on est sur les hauteurs de Satory, on applaudit au choix qu'a fait Louis XIV de ce pays magnifique et varié, si convenable pour être le rendez-vous des beaux-arts et des fêtes. Quels effets merveilleux présenteront de là les nouvelles dispositions du Palais de Versailles, ces colonnades transparentes de la place d'Armes et de la cour d'entrée, ces bocages d'orangers décorant les soubassements de cette grande architecture.

Gabriel Thouin, dans ses études sur les jardins de Versailles, avait compris l'importance de cette partie du Parc ; il y avait multiplié les fabriques et les allées ; il avait eu la pensée, pour impressionner les promeneurs, de creuser sous terre des ateliers pour la formation des canons de fusils : des chutes d'eau tombant sur des rouages auraient fait mouvoir les objets nécessaires à la confection de ces canons. Sans attacher d'importance à cette idée, on peut se servir, comme objet de diversion pour les promenades, du passage du chemin de fer, établir des ponts au-dessus de ce passage dans les endroits où il se trouve encaissé, afin que des allées, passant sur ces ponts, puissent plus facilement faire jouir de son mouvement et de sa vue. Il existe dans l'intérieur du Parc, près de Saint-Cyr, un pont sur le chemin de fer, ayant la disposition que nous indiquons ; le magnifique point de vue dont on jouit en passant sur ce pont rend témoignage en faveur de nos études.

On a dit qu'il était fâcheux que Louis XIV n'eût pas choisi Saint-Germain plutôt que Versailles pour y fixer sa résidence et pour y réunir les merveilles des arts, parce que Saint-Germain jouit d'une vue magnifique. Après l'exécution des nouveaux travaux du Parc de Versailles, les allées, parcourant dans une longue étendue les sommets de Satory, ne laisseront plus rien à envier aux sites de Saint-Germain, et la position du Palais de Versailles, avec les nombreux avantages qu'elle réunira, sera reconnue pour la plus belle que l'on puisse désirer.

En continuant l'allée qui passera sur les sommets des collines, nous arriverons à une charmante petite vallée où surgissent des sources qui vont former l'abreuvoir de la ferme de la Ménagerie. Cette vallée réunira ses prairies et sa rivière aux eaux et aux prairies du grand lac. Afin d'obtenir un courant d'eau suffisant, on fera surgir une source artificielle assez volumineuse dans les environs des sources dont nous venons de parler. La rivière formée par la réunion de ces sources, en s'unissant au grand lac, fera paraître naturelle la saillie qu'il présentera du côté de la ferme de la Ménagerie, et renouvellera constamment cette grande masse d'eau jusqu'à ce jour presque stagnante.

La ferme de la Ménagerie, placée au milieu de ces promenades, n'y demeurera pas étrangère et ne sera pas un obstacle aux jouissances que produiront les spectacles de la nature. La ferme de la Ménagerie deviendra une ferme ornée, et ses tableaux intéressants feront opposition au luxe des palais et à la magnificence des beaux-arts.

. Après cet aspect sur la ferme ornée, l'allée de ceinture nous dirigera vers l'extrémité inférieure du grand lac, à une assez grande distance de l'allée que nous avons d'abord parcourue. Comme l'allée que nous suivons se rapproche des limites du Parc, le mur de clôture sera supprimé partout où il peut gêner la vue et remplacé par un fossé disposé comme le sont les sauts de loup, dans toute sa longueur.

Nous remarquerons que cette allée, étant sur un terrain plus élevé, fera jouir plus complétement de la perspective du grand lac, que l'allée plus rapprochée de ses bords. On sera satisfait de revoir cette admirable perspective. Au-delà, on traversera sur un simple pont la rivière produite par le lac. Cette rivière, au sortir du grand lac, pouvant former une chute assez forte, permettra la construction d'un moulin à eau servant comme entreprise d'utilité et comme fabrique d'ornement.

Un moulin, mû par de belles eaux, est une des plus charmantes décorations des paysages et des jardins. Le moulin aura vue sur le Palais de Trianon; et pour le Palais de Trianon, le moulin et ses dépendances présenteront un intéressant paysage.

Dans les dispositions exécutées pour le jeu des eaux à Versailles, une certaine quantité des mêmes eaux, après avoir joué sur les terrasses, devant le Palais, va jouer encore dans le bas des jardins : on pourrait, par d'autres moyens et pour d'autres circonstances, obtenir cette même répétition de l'effet des eaux avant que leur cours les emporte au loin pour ne plus reparaître. Ainsi, le moulin dont nous parlons pourrait être utilisé dans l'emploi des moulins ordinaires comme il pourrait être utilisé dans le service des machines hydrauliques; il pourrait devenir un diminutif de la machine de Marly et servir à faire monter l'eau, soit dans le réservoir de Chevreloup, soit sur les hauteurs de Satory, et les eaux, avant de s'éloigner pour toujours, par leur puissance et par les secours de l'art, remonteraient dans ces jardins où la nature et l'art avaient concouru à les réunir.

En continuant la promenade, après la visite du moulin, on aura la vue des vertes prairies de Trianon et de ses élégants portiques. On traversera le chemin de Bailly ; en s'élevant vers les hauteurs de Chevreloup, on découvrira Trianon sur bois et ses élysées. L'allée se contournera, peu distante des fossés de Trianon, pour occuper le sommet de la colline et faire jouir des aspects de la forêt de Marly, de la vallée, de la rivière, des prairies de Chevreloup et des vues lointaines. Là se trouveront des aspects d'une beauté remarquable. Enfin, cette allée entrera dans de nouveaux bocages pour arriver aux anciens jardins de Versailles. Entre la plaine de Chevreloup et ces jardins, les nouveaux bocages dont nous parlons pourront peut-être donner des vues extérieures aux jardins du Petit-Trianon, de même qu'ils pourront avoir des vues sur ces jardins et particulièrement sur son élégante rotonde corinthienne, qui manque de dégagement depuis que les arbres dont elle est environnée ont acquis des proportions gigantesques. Cette rotonde corinthienne des jardins du Petit-Trianon est un des plus jolis monuments que l'on puisse voir, elle n'a que le défaut de ne pas être assez en évidence.

De l'allée que nous venons de parcourir, hors de l'enceinte des jardins de Trianon, on jouira de la vue de ces jardins sans apercevoir les fossés servant de clôture au parc réservé.

Du côté de l'avenue, la promenade du Grand-Trianon sera libre jusqu'aux grilles des cours du Château, et l'on pourra, de ce côté, étudier à loisir les détails de cette construction charmante.

Nous ferons remarquer que, dans le nouveau Parc, les allées n'ont pas été multipliées, et que l'exécution des travaux nécessaires est très simple et très facile. Les anciennes allées droites seront généralement supprimées, excepté dans les jardins historiques de Versailles où des conditions spéciales motivent leur convenance. Dans un parc, les longues lignes boisées des allées droites s'opposent dans beaucoup d'endroits aux effets pittoresques; comme des murailles de clôture, elles divisent ce que la nature avait uni dans les perspectives. Les ondulations des terrains et les aspects variés des horizons sont souvent contrariés par ces lignes uniformes d'interminables allées droites, belles et majestueuses quelquefois, mais le plus ordinairement tristes et monotones, et dont le charme n'est jamais comparable à celui des effets pittoresques. La superficie totale des nouvelles allées sera beaucoup moins grande que la superficie des allées anciennes. Toutes les allées nouvelles seront exécutées d'après les exigences topographiques, lesquelles demanderont une étude spéciale avant l'exécution des travaux. Ces nouvelles allées seront motivées; elles seront sans cesse parcourues, tandis que le plus grand nombre des allées anciennes, n'ayant aucun but, ont presque toujours été désertes.

Nous devons insister, car c'est une question de la première importance, sur la nécessité de l'étude topographique qui doit précéder l'exécution de tous les détails. Sans cette étude, très approfondie et mise en regard de toutes les exigences de l'art des jardins, aucun plan ne peut être ni complété, ni définitivement arrêté. Ce n'est qu'après une étude topographique très détaillée que l'on peut arrêter un plan capable de satisfaire à toutes les exigences.

Le résultat de l'étude topographique doit être, pour l'art des jardins comme pour l'art de l'architecture, que chaque point du sol jouisse de ce qui l'environne et concoure à l'harmonie de tous les points environnants.

### XXXII. — Des fabriques d'ornement.

Ce n'est pas aux fabriques et aux constructions que les jardins doivent les charmes qui les caractérisent, mais aux beautés de la nature. Nous n'indiquerons donc, dans le nouveau Parc, que deux points principaux où des monuments décoratifs auront une importance réelle. Ces deux points seront aux deux extrémités du Parc, sur les hauteurs de Satory : un auprès de Saint-Cyr et de la porte de Bois-Robert, d'où la distance sera suffisante pour découvrir l'ensemble du Palais et principalement sa grande façade de l'ouest. Du haut du pont qui, dans cet endroit, passe au-dessus du chemin de fer, on peut se faire une idée de la magnificence qu'offrira ce point de vue, lorsqu'on sera sous une rotonde dominant la cime des plantations, et permettant de découvrir l'immensité des horizons au-dessus de la plaine de Satory. De ce point élevé, la vue plongera jusqu'aux pieds du Palais de Versailles, dont la grande façade de l'ouest se développera, dans sa vaste étendue, avec autant de grâce que de majesté. L'autre point sera sur les hauteurs qui dominent l'avenue de Sceaux. De là seront mis en perspective la grande façade de l'est et les profils des colonnades de la grande cour et de la place d'Armes.

Les constructions monumentales à élever sur ces deux points devront être en harmonie avec l'architecture du Palais, pour indiquer qu'elles en sont une dépendance; elles devront, par leur aspect, inspirer assez d'intérêt, et engager les visiteurs à les prendre pour but de promenade ; promenade pendant laquelle se montreront successivement toutes les beautés des sites sous leurs différents aspects et les variétés qui les caractérisent.

Des rotondes d'ordre ionique, dans des dimensions convenables, construites sur des tertres de manière à dominer les forêts, seraient, par leur élégance, les seules fabriques que l'on pourrait peut-être, sans inconvénient, élever sur cet horizon. Ces fabriques, dominant la plaine de Satory, auraient, de tous côtés, des aspects d'une immense étendue.

On pourrait, en faisant usage de l'ordre ionique pour la

décoration de ces rotondes, imiter, dans leur construction, la forme et les dispositions générales de la rotonde du Petit-Trianon, en donnant à ces rotondes nouvelles des dimensions plus grandes en rapport avec les exigences de leur position, sans qu'il soit nécessaire de leur donner des dimensions colossales ; car leur intérieur étant exposé aux intempéries atmosphériques, ces rotondes ne seront, comme les tours et les clochers, que des points de repos passager où, malgré la beauté des aspects, on fait rarement un long séjour. Les soubassements, formés de marches circulaires, favoriseraient la surélévation nécessaire pour les points de vue.

Le chapiteau ionique dans lequel les volutes et le tailloir s'avancent aux angles en saillie, afin de présenter sur les quatre faces un aspect égal, malgré l'époque de son origine, nous paraît, pour la perspective, d'un effet plus heureux que le chapiteau ionique primitif. Ce chapiteau à quatre volutes également saillantes, qui se dessine avec élégance dans les profils et sous les horizons de Versailles, nous paraîtrait convenir pour la décoration des rotondes, qui viendraient s'harmoniser avec le Palais, en dominant les sommets de Satory.

La plaine de Satory, remarquable par les sites qui l'environnent, soit qu'une armée y donne le spectacle des camps et des exercices de la guerre, soit que, rendue à l'agriculture, elle offre le paisible tableau des saisons et des travaux champêtres, pourrait, par une longue allée de ceinture, être comprise dans le nouveau Parc. La promenade à cheval ou en voiture sur ce plateau élevé viendrait contraster avec la promenade des vallées.

### DE L'ART ET DE LA NATURE.

Quelques réflexions sont nécessaires pour justifier notre manière d'envisager ces grandes questions relatives aux jardins et au Parc de Versailles. Nous avons dit que c'était une erreur de croire que l'art peut surpasser la nature. Dans l'ordre des choses existant depuis l'origine du monde, l'art ou le travail est nécessaire aux hommes pour mettre à profit les ressources et les produits de la nature. L'art ne peut embellir la nature qu'en lui empruntant les beautés dont l'a douée le Créateur. La beauté de la nature n'est pas une beauté d'invention humaine, ce n'est pas une beauté d'origine récente, c'est la beauté éternelle reflétée dans la création de l'univers.

L'art peut, dans un désert stérile, transporter ou faire naître les beautés des sites les plus fertiles et les plus fortunés. L'art brille par lui-même dans les œuvres qui lui sont spéciales, mais dans ces œuvres le beau est dû toujours à l'imitation ; ainsi la colonne antique est une imitation du corps humain, elle imite l'homme dans l'ordre dorique, elle imite la femme dans l'ordre corinthien. Au XIIIe siècle, l'art a été spiritualisé, la colonne a imité la pensée qui s'élève dans les cieux ; c'est le plus sublime essor de l'art. La peinture et la sculpture ne brillent que par les imitations. Dans l'architecture comme dans le corps humain, il faut la symétrie, et si les lignes droites nous plaisent, c'est qu'elles correspondent aux exigences architectoniques. L'entablement unit les colonnes, supporte le toit qui préserve l'édifice. L'architecture la plus rationnelle, l'architecture primitive se distingue par les lignes droites et les angles droits. La disposition des monuments, due aux combinaisons de la géométrie, excelle par la régularité. L'homme étant sur la terre, il est naturel qu'il accomplisse sa destinée et que ses arts viennent partout manifester son existence. Il est naturel de jeter sur un fleuve un pont dont les côtés parallèles suivent des lignes droites ; il est naturel également que les routes, arrivant à ce pont perpendiculairement au cours du fleuve, suivent des lignes droites, et lorsqu'on plante des arbres le long de ces routes, on doit les planter en suivant des lignes droites. Les trois grandes avenues, vis-à-vis la grande entrée du Château de Versailles, sont d'un aspect magnifique, il serait impossible de leur substituer d'une manière avantageuse une autre disposition quelconque. Par quelle disposition pourrait-on remplacer la place d'Armes ? Par quelle disposition pourrait-on remplacer les parterres de Versailles pour mieux correspondre à l'étendue et aux exigences du Palais ?

Dans toutes ces dispositions, on peut le dire, les lignes droites, employées par l'art, sont celles qui correspondent le plus parfaitement aux exigences de la nature. Il ne s'ensuit pas de là que les dispositions architecturales doivent être adoptées, comme étant les plus convenables, pour la composition des jardins. L'architecture réclame la stabilité et l'immobilité des pierres qu'elle emploie. Tandis que les jardins sont en rapport avec la vie et doivent manifester l'activité et la variété des différentes productions végétales. Rien n'est beau que le vrai, la belle nature est la nature véritable. Les plus beaux jardins sont les paysages que la nature forme elle-même dans les endroits qu'elle favorise. Les monuments et les jardins se prêtent de mutuels secours ; cependant, des règles de l'architecture on ne fera jamais sortir les règles des paysages, ni les procédés de l'hortigénésie. L'art ne peut pas créer la nature, il ne peut que l'embellir, et quand on dit créer les jardins, cette expression n'est qu'une métaphore comme dans toutes les créations des arts. Créer dans les arts c'est trouver entre des objets un rapport jusqu'alors inconnu. La création véritable est le secret de Dieu; pour les mondes qui commencent, c'est sa manifestation première; c'est, dans les splendeurs de l'infini, une de ses manifestations éternelles.

Les jardins pittoresques qui ne s'unissent pas au grand ensemble, à l'ensemble véritable de la création, par leurs rapports avec les horizons et les sites environnants, étant renfermés dans une petite nature factice, sont trop souvent ce qu'on a appelé la caricature des sites naturels, et souvent aussi n'ont pas plus de mérite que les jardins réguliers. Cependant les formes irrégulières peuvent être préférées pour les petits jardins et pour les jardins d'hiver, parce qu'elles ont plus de grâce pour les jardins que les formes symétriques, lorsque les formes symétriques ne sont pas imposées par les exigences des monuments.

En jetant la vue sur la carte du Parc de Versailles, en saisissant le relief de ses coteaux, les dépressions de ses vallées et les rapports de cet ensemble avec les pays environnants, on voit que l'étude de la nature, dirigeant le plan que nous proposons, découvre des beautés sans nombre, méconnues par la plupart des artistes qui ont tracé toutes ces lignes droites, et demeurées inaperçues pour ceux qui ont si mal choisi l'emplacement des jardins pittoresques que ne peut assez égayer le luxe des fabriques de Trianon.

Les jardins, tels qu'on les pratique aujourd'hui, sont le résultat d'une science nouvelle. La science se manifeste par l'art, mais l'art doit être dirigé par la science.

Or, cette science nouvelle, malgré les grands travaux, malgré les utiles et nombreux écrits relatifs aux jardins, n'est que commencée ; ses préceptes et ses règles n'ont pas encore été complétement formulés, dans aucune langue, chez aucun peuple. Les règles de la science des jardins doivent être en accord avec la géologie, surtout pour la configuration du sol et pour la disposition des formes extérieures des terrains ; c'est la première condition de l'hortigénésie; et peut-être la moins connue. Comment, en effet, cette condition essentielle de l'hortigénésie pourrait-elle être complétement connue, puisque la géologie elle-même est d'origine récente, grandissant par les progrès de chaque jour? On a fait des jardins avant d'avoir fait la science des jardins, comme on a pratiqué différents arts avant d'avoir fait les sciences qui devaient leur donner des règles et assurer leurs progrès. Ainsi les arts de l'agriculture, de la locomotion, de la navigation, l'art de manifester la pensée et d'établir les rapports de l'intelligence, l'art de guérir les maladies, doivent aux progrès de la physique, de la chimie et de la physiologie l'avantage d'être de plus en plus préservés d'erreurs nombreuses et d'obtenir d'immenses perfectionnements.

Le travail matériel nécessaire aux arts utiles est fécondé par le travail de l'intelligence. C'est par le travail de l'intelligence que les puissances de la nature, l'attraction, le calorique, la lumière, l'électricité viennent concourir au progrès de la civilisation. Les arts d'imitation sont perfectionnés par les sciences naturelles, lorsqu'ils s'unissent à ces sciences. Dans l'art des jardins, en exécutant une composition où le sol ne doit pas être soumis à d'importantes modifications, l'imitation peut être facile. Mais lorsqu'on met une rivière ou un lac dans un site auparavant sans eau, on doit connaître les lois géologiques suivant lesquelles la nature aurait pu former elle-même ce lac ou cette rivière. Sans cette connaissance, l'imitation sera plus ou moins incomplète, et ce qui plaira d'un côté sera disgracieux sous un autre point de vue.

Les règles de la science des jardins, qui pourrait être définie la science de la nature, doivent être en accord avec l'ensemble des sciences physiques et naturelles.

Les conditions de la beauté se trouvent dans l'essence des rapports de l'univers et le parfait accomplissement de ses harmonies. Ces conditions de la beauté doivent se trouver dans les rapports entre les jardins et l'univers dont ils font partie. Les jardins comme l'univers produiront, par l'unité dans la variété, cet ensemble d'impressions successives et variées dont les plaisirs sans fatigue sont toujours nouveaux.

Les jardins sont la poésie de la nature, il leur faut des perspectives, des contrastes, ils doivent faire naître des surprises, des espérances, des désirs. Dans l'ordre du bien et du beau, ils doivent plaire à l'imagination, élever l'âme, impressionner la sensibilité, sans contrainte et comme sans étude.

Les monuments et les jardins se prêtent de mutuels secours, les lignes droites des monuments sont utiles aux jardins, comme les lignes d'un cadre sont utiles aux tableaux.

On a donné à comprendre que, dans l'art des jardins, le but de l'art est manqué lorsque l'art se révèle. Ceci est vrai dans certaines circonstances.

Ainsi, une rivière ou un lac, qui doivent leurs plus grands charmes à la nature, perdent infiniment de l'intérêt qu'ils inspirent dès qu'on entrevoit leur origine artificielle. Il est des circonstances où l'art, sans révéler son existence, peut s'unir à la nature et l'embellir infiniment. Ainsi, près de Trianon, dans la vallée de Chevreloup, nous ferons serpenter en tout temps une rivière, et cette vallée, qui n'avait de courant d'eau qu'en hiver, aura désormais, pendant les sécheresses de l'été, des prairies d'une constante verdure. Voilà donc une vallée que l'art, sans se montrer, rendra délicieuse. Malgré les difficultés présentées par les anciennes formes symétriques, l'art, nous l'espérons, ne sera pas soupçonné dans les dispositions du grand lac et du lac supérieur.

Mais dans la disposition des bâtiments, des allées, des massifs et des corbeilles de fleurs, toutes choses qui doivent figurer plus ou moins dans les jardins, comment ne pas laisser paraître les effets de l'art? Dans toutes ces circonstances, l'art doit embellir et jamais défigurer la nature. L'art a ses exigences et la nature a les siennes; ils peuvent cependant concourir au même but et s'embellir mutuellement. L'art, on peut le dire, malgré son individualité et tout ce qui le caractérise, est fils de la nature, l'art est dans la nature; l'alvéole de l'abeille, le nid de l'oiseau, la cabane du castor, sont des produits de cet art, fils de la nature. La nature et l'art doivent donc être unis par des rapports intimes de parenté. C'est dans la perfection de cette union que sont produits les chefs-d'œuvre. Toutes les fois que les lois des rapports sont violées, cette union produit des œuvres plus ou moins imparfaites. Ainsi cette erreur du siècle de Louis XIV, que l'art doit surpasser la nature, a fait dévier ce siècle de la voie qui conduit à la perfection, comme le prouve l'exécution de ses jardins, où la beauté factice a pris la place de la beauté véritable. S'il existe entre la nature et l'art un rapport de supériorité, cette supériorité est et doit être le privilége de la nature, car la nature est l'œuvre de la puissance infinie du Créateur. Si les arts procurent aux hommes des avantages qu'ils doivent à leur travail, c'est par la connaissance des lois de la nature qu'ils procurent ces avantages. Ce n'est pas en surpassant la nature, c'est par la connaissance de ses lois que les hommes se servent de sa puissance et assurent le progrès de l'humanité. Ce progrès n'aura, sans doute, jamais de dernier terme pour les sciences naturelles et les arts qui en dépendent. Comme la nature correspond à l'infini, les sciences naturelles seront indéfiniment perfectibles, et, tant que durera la civilisation, chaque siècle pourra toujours, à l'égard des siècles précédents, se prévaloir de ses découvertes et des progrès de son industrie.

Si, dans l'étude des sciences naturelles, le progrès ne doit jamais avoir de dernier terme, il n'en est pas ainsi dans la pratique des beaux-arts, où le génie humain, depuis longtemps, paraît avoir atteint des limites qu'il ne peut plus dépasser. Quel siècle a produit ou produira dans l'avenir des chefs-d'œuvre plus beaux que ceux du siècle de Périclès? Quel siècle a produit ou produira dans l'avenir des monuments supérieurs aux monuments du XIII$^e$ siècle? Les beaux-arts se développent dans les mêmes limites que les sciences qui les dirigent, et les sciences se perfectionnent d'autant plus rapidement que les choses dont elles traitent sont plus attrayantes, sont plus en évidence et plus limitées.

Le siècle de Louis XIV nous prouve, par ses monuments, sa grandeur dans les arts ; mais l'erreur de ce siècle devait le conduire à fausser la nature dans l'art, alors nouveau, de ses jardins, art qui se rattache, par la géologie et la physiologie végétale, au progrès des sciences naturelles; et la nature, qui, seule avec le temps, embellit les jardins paysagers, déforme et fait disparaître les jardins symétriques, comme le prouvent actuellement les jardins de Versailles. Le but le plus élevé des beaux-arts, le but pour lequel ils tendent à la perfection, c'est l'immortalité. Or, ici l'art des jardins donne une preuve évidente qu'il manque le but auquel il devrait atteindre, puisque, dans leur disposition actuelle, ces jardins de Versailles, déformés par le travail constant de la nature qui ne les avoue pas, ne peuvent, comme le constate l'expérience, durer plus d'un siècle. Il faudrait aujourd'hui, pour transmettre leur disposition actuelle, ou plutôt la disposition qu'ils avaient il y a quelques années, recommencer l'opération effectuée en 1776, tout abattre pour tout replanter à neuf, avec la triste certitude que les plantations nouvelles n'auraient pas une meilleure destinée. Ce serait donc une gloire pour notre siècle, aux yeux de la postérité, de donner des dispositions qui, se trouvant en harmonie avec les lois de la nature, puissent, dans ces jardins célèbres, se maintenir perpétuellement et s'embellir par le résultat de la succession des âges.

Les monuments sont essentiellement des produits de l'art; ils peuvent être accompagnés, dans une étendue plus ou moins grande, des accessoires qui leur conviennent. Un perron assainit le rez-de-chaussée d'un pavillon, un château peut exiger une terrasse, et un palais demander une plate-forme correspondant à son vaste développement et au concours des nombreux spectateurs qui viennent assister à ses fêtes. Les jardins s'éloignent donc d'autant plus de l'habitation qu'elle est plus étendue.

C'est au-delà des espaces exigés par les monuments des arts que commence le règne indépendant de la nature. La nature se rapproche d'autant plus de l'habitation que l'habitation est plus petite. La petite habitation a la grâce, le vaste palais a la majesté. La question de leur position relative aux espaces et aux objets qui les environnent est une question de la plus grande importance pour les monuments. Cette question est rarement résolue d'une manière satisfaisante dans les villes, tandis que les temples, les ruines, les châteaux disséminés dans les campagnes, présentent de nombreux exemples de positions avantageuses, en contribuant d'une manière puissante aux charmes des paysages. Un palais dans un site pittoresque, comme est posé le Palais de Versailles, sera dans des conditions d'autant plus favorables que les espaces s'ouvriront plus largement devant toutes ses perspectives, et que, sur aucun de ses points, il ne viendra s'agencer dans des constructions accessoires altérant son unité et masquant quelques-uns des grands effets de son architecture.

Les monuments sont toujours un produit de l'art ; mais les eaux peuvent être à la fois un produit de l'art et de la nature, comme le prouvent les puits artésiens. Les eaux se rattachent sans cesse à tout ce qui concerne les jardins, dont elles sont la vie. Les eaux jaillissantes ont été constamment un des principaux ornements des jardins réguliers, ce n'est pas une raison d'en proscrire l'usage ; elles plaisent généralement et produisent quelquefois d'admirables effets. Le jet d'eau qui s'élance du milieu d'une pièce d'eau est ordinairement considéré comme un produit de l'art ; il est, malgré cela, des circonstances dans lesquelles il peut mieux qu'un obélisque ou une colonne charmer un bocage. De volumineux jets d'eau, comme nous les proposons sur la place d'Armes et sur les pelouses le long des colonnades, seront plus beaux que les vasques et les châteaux d'eau souvent en usage, parce qu'il existe des jets d'eau naturels, tandis que toutes ces figures et toutes ces constructions diverses d'où les eaux tombent ou s'élèvent, doivent être moins agréables, parce qu'elles sont plus évidemment contraires à la nature.

En conservant la plus grande partie des jardins de Louis XIV, formant par leur ensemble une sorte de haute futaie qui accompagnera les grandes lignes du Palais de Versailles, nous avons dit que cette partie ne sera pas la plus remarquable des jardins. En effet, les environs du grand lac, avec leurs prairies, leurs groupes d'arbres et leurs sites divers, offriront dans cet ensemble les lieux les plus enchanteurs. Cependant les grands ombrages placés auprès du Palais seront en rapport avec les convenances, et si tout ce vaste ensemble était à créer, peut-être le meilleur plan à suivre serait celui que nous présentons actuellement.

L'espace du nouveau Tapis-Vert ne sera pas un de ces jardins renfermés dans le cadre d'une petite nature artificielle ; cette pelouse, bordée de statues, s'unira avec l'ensemble du Palais, tandis que le Palais et ses jardins s'uniront sous cet horizon où, plus que jamais, brilleront dans toute leur splendeur les arts unis à la nature.

# TABLE DES MATIÈRES


Préface . . . . . . . . . . . . . . . . . . . . . . . . . . . . . .
Introduction . . . . . . . . . . . . . . . . . . . . . . . . . . .

## LE PALAIS.

I. — Côté de la place d'Armes ; première opération à exécuter. . . . . .  1
II. — Position d'une nouvelle façade centrale vis-à-vis la place d'Armes et l'avenue de Paris. . . . . . . . . . . . . . . . . . . . .  3
III. — Formation d'un jardin d'hiver dans le centre du Palais . . . . . . .  3
IV. — Intérieur des deux ailes centrales unissant les anciens bâtiments au nouveau bâtiment central . . . . . . . . . . . . . . . . . . .  6
V. — Description et disposition du nouveau corps de bâtiment formant du côté de la place d'Armes le centre du Palais. . . . . . . . . . .  7
VI. — Extérieur du premier étage du bâtiment central du côté de la place d'Armes . . . . . . . . . . . . . . . . . . . . . . . . . . .  8
VII. — Extérieur du rez-de-chaussée du bâtiment central. . . . . . .  9
VIII. — Extérieur de l'attique du bâtiment central du côté de la place d'Armes . . . . . . . . . . . . . . . . . . . . . . . . . . .  9
IX. — Dispositions des toitures. — Proportions des étages et des pavillons. 10
X. — Extérieur du bâtiment central du côté du jardin d'hiver. . . . . . 11
XI. — Considérations générales sur l'extérieur du bâtiment central. . . . 11
XII. — Intérieur du premier étage du bâtiment central. . . . . . . . . 13
XIII. — Nouvelle décoration de la grande cour d'entrée dite cour des Ministres. . . . . . . . . . . . . . . . . . . . . . . . . . . 15
XIV. — Nouvelle décoration de la place d'Armes. . . . . . . . . . . 17
XV. — Des parterres latéraux . . . . . . . . . . . . . . . . . . . 20
XVI. — Des avenues latérales . . . . . . . . . . . . . . . . . . . 21
XVII. — Des soubassements . . . . . . . . . . . . . . . . . . . 22
XVIII. — De quelques dispositions pour régulariser, dans l'ensemble extérieur du Palais, la saillie de la Chapelle . . . . . . . . . . . . 23
XIX. — Des convenances dans les dispositions extérieures de l'ensemble du Palais . . . . . . . . . . . . . . . . . . . . . . . . . . 26
XX. — Des deux extrémités du Palais . . . . . . . . . . . . . . . 26
XXI. — Résumé sur les constructions nouvelles . . . . . . . . . . . 27

## LE PARC.

XXII. — Disposition géographique du Parc de Versailles. . . . . . . . 29
XXIII. — Des jardins et du Parc de Versailles . . . . . . . . . . . . 30
XXIV. — Modifications à faire dans les jardins pour ouvrir des points de vue aux parterres et aux ailes du Château . . . . . . . . . . . 35
XXV. — Nouvelle disposition du Tapis-Vert et des jardins de Versailles . 37
XXVI. — De la pièce d'eau des Suisses. . . . . . . . . . . . . . . 41
XXVII. — Du grand lac. . . . . . . . . . . . . . . . . . . . . . 43
XXVIII. — Moyens de faire cesser les inconvénients des égouts et d'utiliser leurs produits . . . . . . . . . . . . . . . . . . . . . . 44
XXIX. — Utilité de recourir aux différents moyens que l'on peut employer pour procurer à Versailles des eaux abondantes et constamment renouvelées. . . . . . . . . . . . . . . . . . . . . . . . . . . 48
XXX. — Du Palais de Trianon . . . . . . . . . . . . . . . . . . . 48
XXXI. — Le nouveau Parc. . . . . . . . . . . . . . . . . . . . . 50
XXXII. — Des fabriques d'ornement. . . . . . . . . . . . . . . . . 57

De l'art et de la nature . . . . . . . . . . . . . . . . . . . . . 58